# ふるさとの音楽史散歩

木村茂 著
青沼謙一 編

石風社

# ふるさとの音楽史散歩

◉

目次

# ふるさとの音楽史散歩

木村　茂

資料編　ふるさとの町・音楽模様　編集・青沼謙一

# ふるさとの音楽史散歩

木村　茂

# プロローグ

私どもの毎日の生活を振り返ってみよう。音楽とのかかわりが何と深いことか。四六時中、ラジオ・テレビから流れる音楽。タクシーの中、喫茶店のコーヒーにしばしの憩いを求めるときも音楽…。街を歩いても…。友とグラスをかわして楽しく語らい酔えば歌、となる。

また、私どもがこうして接触する音楽のタイプが何とさまざま多種多様であることか。音楽をクラシックとかポピュラーとか区別するのはあまり意味のないことだが、三味線などの日本の伝統音楽から、いかにも日本人好みの音階の演歌、さらにバッハ、ベートーヴェン。パリのシャンソン、ロシア民謡、南米のタンゴ、フォルクローレ、はたまたハワイアンからイタリア民謡。小学校には学校音楽というものがあって〝学校音楽、校門をいでず〟と、心ある人を嘆かせる。小学生でも学校の教室で教わる歌と、校門を出て歌う歌とちゃんと二通りに区別しているというわけである。

多彩な音楽会も何と数多く開催されていることか。福岡市内だけで、年間五百を上回る演奏会である。

私どものふるさと福岡―九州から数多くの優れた音楽人を生み出してきたという事実にも驚かされる。

明治初期、日本に近代西洋音楽が入って百数年といわれる。今日の音楽状況にいたるまでのこの百数年の歴史―日本の音楽史は、すでに多くの先輩諸氏の労作によってまとめられている。が、残念なことに、それらの音楽史は当然のことながら中央から見たものである。私どもは、自分たちのふるさとを中心に私たちの音楽の歴史を見直してみたいと思う。私がこの機会にあなたに語りたいのは、そんな意味における私どものふるさとの音楽史のあれこれである。

この歴史の中で、西洋音楽にもっとも早く接し、親しんだのは九州であったこと。明治の、日本における西洋音楽の黎明期に九州、九州人が指導的役割を果たしたこと。その後、日本の音楽史上に忘れることのできない幾多の人が私どものふるさとから輩出したこと…などなど知ってもらえよう。それは、九州の音楽風土を考察するとともに今日の、ふるさとの音楽、ひいては文化を支える力の泉の一つであろう。また、明日の、わがふるさとの音楽文化を創造するエネルギーの源ともなろう。

# 第一話　キリシタン時代

一五四九年（天文十八年）八月十五日、鹿児島の前之浜（現在鹿児島市内）に現われた外国船に土地の人は恐怖・不安をまじえて大騒ぎだった。島津貴久治下の薩摩だが、当時日本人が考えた〝世界〟は三国観―つまり日本、中国、インド（天竺）で、インドより西のヨーロッパは想像だにできない未知の国であった。だが、怪奇な異国船から八人の白人・黒人が降りてきた。スペイン人でイエズス会神父フランシスコ・ザビエル一行である。日本人ヤジロー（一説にはアンジロー―）に導かれていた。この日本人の素性は不詳だが、鹿児島の武家出で、かなりの教養の持ち主だったと伝えられる。何らかの事情で殺人を起し、たまたま山川港（鹿児島県）に来ていたポルトガル商船に逃げ込んで南方に連れていってもらっていた人物という。

とすれば、当時、南九州には早くもポルトガル船が来航したというわけだ。事実、そうだった。ザビエルの鹿児島到着より六年前（七年前の一五四二年説もある）種子島にはポルトガル人によって鉄砲が持ち込まれている。それらが商人であったのに対し、ザビエルは日本へのキリスト教布教を目的としての来航だった。日本におけるキリシタン世紀（一五四九年ザビエル来日から一六四一年鎖国体制の始まりまで）の幕明けとして大きな意義を有する事件であった。

それは音楽史の上でも重大な意味をもつ事件だった。というのは、西洋の歌というものに日本人が初めて接したのはこのときだからである。表現を変えれば、西洋の歌に最も早く接した日本人は九州（鹿児島）の人たちだったということになる。

では、一体、どんな西洋の歌だったろう。当時、十六世紀の宗教改革、ルネサンス前のヨーロッパの音楽を見てみよう。

「光は東方より」とは岡倉天心のことばだが、古代の音楽もまたアッシリア、ヘブライなど〝東〟からヨーロッパに伝えられた。その音楽を組織立てたのがギリシャ。ピタゴラス、プラトー、アリストテレスらの物理学者、哲学者は同時に作曲家でもあった。ローマもギリシャ音楽を継承したことに違いないが、実利的なローマ人によって音楽は〝楽しきもの〟となり管弦合奏が好まれるようになった。

五世紀から十五世紀までの約一千年がキリスト教音楽の時代。ローマ帝国がローマ・カトリックによって統一されたあと、法王グレゴリオ一世（五九〇－六〇四の間在位）が制定したグレゴリオ聖歌が広く普及し、楽譜の組織も生まれ、西洋音楽の基礎が確立されていった。

十二、三世紀ごろから小型のハープ、琴のようなものを持って世俗的な歌を作り歌う吟遊詩人もヨーロッパでは流行する。単音の、つまり単声歌のグレゴリオ聖歌の単純さにあきたらず、いくつかの声部を重ねて歌う多声歌（ポリフォニー）が作られ、合唱曲の形をとって発展するのが十六世紀だが、グレゴリオ聖歌も消えることはなく、カトリックの世界では今日もなお歌いつがれている。こう見てくると、ザビエルらが鹿児島上陸後、神に祈りを捧げ、グレゴリオ聖歌を歌った、と考えてよかろう。それより先、種子島、山川港あたりの人はポルトガル人の小型ハープ、三角形の琴（中世騎士道を描く映画でおなじみ）といった楽器に接したということも考えられる。

鹿児島の領主・島津貴久のもとで十カ月過ごしたザビエルは平戸、山口、京都、そして大分と布教の旅を一五五一年十一月までつづける。島津も、山口の大内義隆も、大分の大友義鎮もザビエルを歓迎したと記録されている。がこれはキリスト教の教えに対する理解というより、ザビエルからの珍しい贈物に対する好奇心からといえる。

当時〝海内一の富強〟を誇っていた山口の大内家の『大内記』にこんな文章がある。

「贈物さまざまの中に、十二時をつかさどるに昼夜の長短を違えず、響鐘の声と十三の琴の糸ひかざるに五調子、十二調子を吟ずると、老眼の鮮やかに見ゆる鏡のかげなれば、程遠けれども、くもりなき鏡も二面候」

時計、メガネ、鏡、そして〝十三の琴の糸ひかざるに……〟とは？　学者の見解ではクラビコード（ハープシコードとともに十八世紀中ごろまで使われた楽器でピアノの前身）とされている。

このクラビコード、大内一族の珍宝として大切にしたと同じ『大内記』にあるものの、あまり大切にしすぎたのだろうか、演奏の記録がないのは不思議である。

演奏記録として残る最古のものは、これから数年後のこと。場所は大分(府内)の天主堂で演奏された、とある。

一五六〇年代の大分（府内）―大友宗麟の治下。現在の顕徳寺町（大分市）には教会堂が建っていた。育児院、病院、さらに日本人の子供にキリスト教義、日本語の読み書き、など教える学校もできていた。神宮寺浦（現在大分市春日浦）はポルトガルなどとの貿易港として活況を呈していた。

一五五一年ザビエルがこの地にきて滞在したのはわずか二カ月だったが、その後を受けて、バルタザール・ガゴらがやってきて布教に力を入れた成果である。宗麟も彼らを保護しつつ、うまく貿易に利用した。信者の数はこの地で一万とも二万とも報告されている。

さらに恐るべきことに、イエズス会の日本年報（日本における活動報告）によれば、この地で幼児がラテン語のグレゴリオ聖歌の一節を歌いながら道ばたで遊んでいる、といった風景もあったという。外人伝道師がよく歌う聖歌をいつとはなく聞き覚えたものだろう。

一五六一年には大分に日本人伝道師養成のためのコレジョ（学校）も開かれている。外人宣教師の助手として働く通訳、聖歌手、音楽手養成のための学校も作られた。

音楽はヴァイオリン（今でいうヴァイオリンは十六世紀後半に初めてイタリアで作られた。だからこのころはまだ前身のビオルの時代）も教えたとある。もちろん聖歌も。

それにしても、日本人生徒の音楽習得は驚くほどの早さだったと宣教師たちは報告している。一五六二年、宗麟の誕生日を祝って外人宣教師が開いた宴で、日本人の生徒が白い衣で楽を奏したという記録もある。

四百余年前、日本の国史でいえば戦国時代――九州の一角に、弦楽器の音が流れ、子供までグレゴリオ聖歌を歌っていたという話は驚異である。日本における最初の西洋音楽の開花として特筆されねばならない。


大分だけではない。平戸、天草、長崎、鹿児島と宣教師たちは活躍、キリスト教とともに西洋音楽の種子を撒いた。やがて芽が出る。楽器もクラビコード、ビオルにつづき一五八一年にはオルガンが入ってきた。

九州各地では予想外に布教の成果があがりつつあるとはいえ、京都あたりに伝道を、と考えても戦乱つづきの都とあってなかなか実現できそうもないため、困りはてた宣教師が名案を思いついた。日本人の好奇心の旺盛さ、音楽好きに目をつけて「オルガンその他、楽器をあまねく備え付け、音楽を盛んにすれば京都・大阪すべてを改宗せしめ」と本国へ要請したのである。

狙いは当たった。楽器が送られてきた。オルガンも来た。オルガンといっしょに黒人も来た。織田信長もこのオルガン、黒人に驚いたという。が、それはともかく、時代が悪かった。京都あたりの布教は九州のようにはうまくいかなかった。

こうして九州に育った西洋音楽の芽はいわゆる天正の少年使節として一つの花を開く。伊東マンショ（大友宗麟一族）ら十三歳から十五歳の少年四人を一五八二年（天正十年）、九州のキリシタン大名（大友宗麟、大村純忠、有馬晴信）がローマ法王のもとに派遣したのである。長崎からポルトガル船で出発した。ヨーロッパに着いてビオル、クラビコードなどを見事に奏して聴かせたと彼地の記録にもある。相当高い音楽素養を身につけていたものとみえる。

彼らは八年後、一五九〇年帰国する。が、時代は大きく変わろうとしていた。すでに一五八七年、秀吉は九州平定の帰途、博多箱崎にあって宣教師追放令を発していた。少年使節がヨーロッパでじかに学び体得してきた西洋音楽は、ついに日本で、九州で新しい種子にはならなかった。やがて秀吉の時代から徳川の時代に入り、いわゆる鎖国の日本となる。

せっかく九州に花開いた西洋音楽も、ここでぷっつりと断絶してしまう。

## 第二話　鎖国と長崎

鎖国令――一般に一六三三年（寛永十年）から三九年（寛永十六年）の間に徳川幕府が公布したキリスト教禁止と貿易の厳重な統制を中心内容とする法令を指してこう呼んでいる。キリスト教布教と並行して九州各地に種子がまかれ、花開いた西洋音楽はこの鎖国令を契機に急速に姿を消していく。

逆に、長崎の華やかな歴史がこのときから始まる。鎖国の時代にも、長崎は日本唯一の貿易港であった。西欧文化に対して開かれていたただ一つの窓であった。紅毛キリシタンの市中雑居をきらって、長崎の江戸町地先に埋立ての約一万二千平方米（三千六百坪）の扇形の島、すなわち〝出島〟を作りここに西洋人を住まわせた。まずポルトガル人が住み、のちには平戸からオランダ商館がここに移り、オランダ人が住んだ。

島の周囲は高い塀で囲まれていた。島と長崎市中を結ぶのは一つの石橋だが、この橋を渡って島に入れるのは、通訳、書記、召使、それに丸山花街の遊女たちに限られた。

出島の中の様子は、長崎市中の日本人にとって好奇心をそそるものばかりだった。

当時の長崎の模様を絵入りで伝える『長崎名所図絵』にこんなくだりがある。「蛮方の楽器また甚奇なり。其品はヒヨール（板張の提琴なり。此方用いる所の如く、皮を以て張ることをせず）トロンムル（太鼓なり）トロンペット（ラッパなり）ワルトホルン（曲りラッパなり）テリヤングル（銕枝を三角に曲げて撃つなり）フロイト（笛なり）ホルトピアノ（琴の類なり。手と足を以ってこれを弾ず）カラヒール（琴なり。手を以って弾くなり）等なり」

クイズのようだが、どんな楽器かおわかりだろうか。ヒヨールとはビオラ。三味線などのように皮では張らない…という注釈がおもしろい。トロンムルはドラム．トロンペットはトランペット。曲りラッパと註釈つけたワルトホルンはホルン。テリヤングルはトライアングル。フロイトはフルート。ホルトピアノはピアノフォルテ。今のピアノに近い。カラヒールはハープシコード。

これらの楽器が長崎に来ていたわけだ。そして、人々が奇異の目で眺めたさまがこの文章からも想像できる。

オランダ国王誕生日とか、新年とか、よく宴が開かれた。歌い、踊った。召使の黒人たちが日本人の三味線を借りて器用に演奏したという記録もある。日本人の通訳、書記、丸山遊女らもこんな宴には加わっていたが、日本人たちは料理を食べ残し、それぞれ紙にくるんで大事に持ち帰ったということも書き残されている。

このころ、長崎にはすでにかなりの中国人も在留していて、アチャさんと呼ばれていた。長崎での日本人、オランダ人、中国人などの交歓風景も想像できる。異国人との接触・交歓を嫌い、拒否したという記録はなく、親しく接し、受け入れ、親交を重ねていったのが長崎であった。そんな楽しい交歓風景―そこにはきっと〝音楽〟があった。「ラベイカで名残を惜しむ歌もあり」という句は一六七六年（延宝四年）刊の『俳諧当世男』の中の句である。ラベイカ―ヨーロッパの弦楽器レベッカ（ポルトガル語）のことである。中国の胡弓（こきゅう）の同族である。

もともと、長崎の人は出島以前から西欧音楽には親しんでいた。キリシタンの都でもあったからだ。

一五八七年（天正十五年）六月の秀吉の宣教師追放令は、不徹底のままに過ぎていた。一六一一年（慶長十六年）の長崎では異国の神父を先頭に神学校の日本人学生、日本人信者ら千数百人によるキリシタン行列という記録もある。

信者は「タワラのような服」を着て、美しい花で飾ったタイマツを手に賛美歌を歌って整然と市中を行進したとある。タイマツの炎は「夜空に輝き、ヤソ会の学校には昼とあざむくようなあかり」だったという。長崎奉行は信者ではないものの、あらかじめ、この行列を見るための桟敷を設けさせていたというから、こんな行列がいかに長崎街中の話題だったかが知れる。

キリシタン行事の一つに野外劇もあって、長崎でも上演されている。聖書の中の『ノアの箱船』などの物語を歌と芝居で表現するのだ。もちろん、外来の楽器も使われた。

「参ろうや、参ろうや。パライソ（天国＝パラダイス）の寺に参ろうや。パライソの寺とは申すれど、広い寺とは申すれど、狭い広いはわが胸にあり…」——こんな歌が今も平戸に伝わっている。キリシタン野外劇の歌が後世に伝わったものだと学者は見ているが、外人宣教師に教えられた歌を日本の民謡、小唄的なものに見事転化した点、日本人の一つの特質をここにも発見できるのではあるまいか。

そんなところから「かっぽれ」の起源が西洋だという説も出てくる。幕末の俗謡「かっぽれ」はおなじみだが、そのリズムは北欧的であり、かっぽれということばはオランダ語の〝カッペル（楽隊のこと）〟からきた、という説である。「かっぽれ」初期の歌詞に「稲荷山（稲佐山？）から谷底見れば、アチャ（中国人のことを長崎ではこう呼んだ）と女郎衆のまくら引き」といった、きわめて長崎的なものがあったことなどから、西洋の歌が長崎・出島を通して長崎の人になじまれ、日本語の歌詞がつき、やがて日本中の俗謡にまでなったのだ、というわけである。この説を確かなものとする根拠はないが、こんな説が生まれるほど長崎の人が音楽の上で（大きくいえば文化の上で）大きな包容力、理解力を有していたといえる。

西洋に対してだけではない。当時の長崎には中国の音楽もかなり入っていた。すでに述べたように長崎には多くの中国人が日本人と入りまじって住み、帰化する人、日本人と結婚する者もあって、庶民の生活の中で密接な交流がつづけられていた。

だから月琴、胡弓、ドラなど中国の楽器は長崎の人にはおなじみだった。

今日も、秋の長崎の名物行事として知られる長崎おくんち、諏訪神社の祭りの音曲の多彩さはどうだろう。中国あり紅毛（オランダ人）あり南蛮（ポルトガル人）あり。三百年以上前からの長崎の多彩な音楽文化の歴史を物語っている。またそれは長崎だけのものではなかった。長崎には近隣諸藩、つまり佐賀、福岡など九州各地から〝長崎詰め〟が交替に出て、警備などに当たっていた。〝長崎詰め〟の間に異国の文化にふれ、目を開き、帰国する若者も多かった。それがやがては明治維新―日本の近代化へのエネルギーの源へとつながる導火線への火ダネとなっていくのである。

鎖国の眠りを驚かせたのはペルリ提督（アメリカ）が率いる黒船の浦賀（神奈川県横須賀市）来航とされている。徳川幕府の驚きは有名な話である。時は一八五三年（嘉永四年）である。

同じ年、長崎にはプーチャチンが率いるロシア軍艦四隻が現れた。幕府はついに下田（神奈川）、箱館（北海道函館）、長崎を開港することに踏み切った。

が、長崎にはそれよりも五十年前の一八〇四年（文化元年）にもロシア軍艦が訪れている。レザノフを使節に、長崎をロシアに対して開港するよう要求するものであったが、幕府は半年間滞在させてついに要求は拒絶した。

開港された長崎にはロシア軍艦から軍楽隊が降り、堂々と街を行進したとある。ピカピカ光る大きい管楽器、ひとかかえもある大太鼓……街の人はどんなにドギモを抜かれたことだろう。

さて、この時代のヨーロッパの音楽は？　いわゆるバロック音楽時代の頂点をなした近代音楽の父・バッハ（一六八五―一七五〇）近代音楽の母・ヘンデル（一六八五―一七五九）はもちろん去り、古典（クラシック）時代の三巨匠ハイドン（一七三二―一八〇九）モーツァルト（一七五六―一七九一）ベートーヴェン（一七七〇―一八二七）や初期ロマン派のウェーバー（一七八六―一八二六）シューベルト（一七九七―一八二八）メンデルスゾーン（一八〇九―一八四七）彼らはもう世を去ったあとが一八五〇年代である。このころ活躍していたのがベルリオーズ（一八〇三―一八六九）シューマン（一八一〇―一八五六）ら。シューマンと同じ一八一〇年生まれのショパンは一八四九年に死んでいる。一八三三年生まれのブラームスはまだハイティーン。酒場で貧しい音楽家として働く父親に音楽の手ほどきを受け、みずからも家計を助けるために娯楽音楽のピアノをひいていた。そしてピアノ独奏会をようやく開くまでになっていたころだ。

一八五〇年ごろのヨーロッパは、そんなロマン主義音楽が花咲く時代だった。そしてオペラも盛況を見せていた。ロッシーニ（一七九二―一八六八）の「セビリアの理髪師」（一八一六初演）もすでに上演されている。ロマン主義音楽は大衆と音楽の結びつきを深め、その結果としてウイーンのシュトラウス一家の音楽、軽歌劇を生むことになる。

# 第三話　軍楽と賛美歌

日本における今日の西洋音楽の隆盛―その歴史は明治に始まる、とされている。が、厳密に言えば徳川時代末期、つまり幕末の軍楽隊に始まる。

ペルリらの黒船に驚かされ、外国の兵器、洋式軍隊の威容を目のあたりに見た日本の各藩に〝外国を手本にして……〟の声が起こったのは当然であった。その一翼をになってクローズアップされたのが欧米式軍楽隊である。一八五六年（安政三年）、すなわちペルリが浦賀に現れた三年後に「西洋行軍楽鼓譜」、さらに一八六一年には「和蘭太鼓教練譜」

が刊行されている。いずれもオランダものの翻訳で横笛、大小の太鼓からなる鼓笛隊や合図・信号用の太鼓をまず採用しようというわけである。

日本の洋楽のスタートはこんなふうに軍楽としての音楽であった。芸術としてとか、娯楽としての音楽ではなかった。これが以後の日本における洋楽の歩みにどんな影響を残したか、あるいは影響を与えなかったか、長い歴史の観点から考察してみる必要もありそうだ。

鼓笛隊に最も熱心だったのは薩摩である。島津斉彬（一八五一・嘉永四年から七年間藩主）の時代、早くも長崎からオランダ文化を取り入れ、軍隊の号令にもオランダ語を使った。海軍の組織作りにも乗り出していた。集成館という新式工場では製鉄、ガラス工業、火薬製造といった近代工業を手がけていたほど進歩的だった。そんな薩摩ゆえに軍楽隊にも積極的だった。

希望者を募ったら太鼓の希望者ばかり多かったという。カッコよく見えたのかもしれない。あるいは長崎で時々見られたオランダ軍楽隊で、太鼓は上級の者が打っていたからでもあろうか。

ペルリの来航がきっかけになって新しい局面を見せた日米関係は日米通商条約の調印となった。一八五八年（安政五年）である。その条約批准交換の使命をおびて、幕府の使節新見正興ら七十余人が米艦に乗ってアメリカに向かったのは一八六〇年（安政七年）。この米艦に同行したのが幕府の軍艦咸臨丸だった。勝海舟が艦長である。

「日本武士の典型を誇示する」つもりだった一行だが、どこに行っても歓迎につきものの音楽には面食らった。もともとこれらの武士たち「音曲は婦女子のもてあそぶ芸」と信じる連中だった。

が、一行の中の〝文化人〟玉虫左太夫はちょっと違った。その日記にこんなことを書いている。

「船上音楽を奏して、怒濤船上に飛騰するも関せず悠々たり。これを聞き、心中相和らぎ船中の辛苦を忘る。古皆、楽をもって人の心を和らげるとかや。胡楽を聞きて、尚かくのごとし。いわんや正楽を聞くにおいておや。楽の捨つべからざること是において知るべし」。

また一行の一人、熊本の藩士・木村鉄太の日記にはこんなふうに楽器の説明まで書かれている。

「婦人を使て風琴を弾し歌はしむ。風琴は函中にフイゴの機関（からくり）を設け足を以て柄を踏めば、外気出入し各管音を生ず。指を以て函上の板簀を圧え節に合す。その声箏に似たり」。

物珍しげにオルガンなどを眺め、聞いた様子がよく伝わってくる。これが、百年前の日本人の、それも上流の人たちの姿であった。

やがて薩摩に一八六三年（文久三年）、大事件が起こった。盛夏だった。イギリス軍艦七隻が鹿児島湾内に入ってきた。前の年、島津久光（当時の藩主・忠義の父で後見人）が江戸から薩摩に向かう折横浜に近い武蔵生麦村で、行列に対して〝下馬もせぬ無礼な〟イギリス人を同藩士が切った、いわゆる生麦事件に怒った英国側の薩摩への強硬姿勢のあらわれである。

が、薩摩も強硬。砲台から英艦に砲撃をしかけた。英艦も砲門を開いた。鹿児島の街で火災が起こる……。

砲戦三時間。英艦は射撃しながら湾を出ていった。この薩英戦争はともに被害は大きく、いずれが勝った、負けたと断ずるわけにはいかない。

しかし、薩摩の兵士はこの戦いで思わぬことを学んだ。イギリスの新兵器の威力がその一つ。そして豪華けんらんの軍楽隊である。英艦上の軍楽隊は薩摩ご自慢の鼓笛隊とは比較にならぬきらびやかなものだった。金属の大きい楽器がキラリと光るのが薩軍側にも見えた。その大きい音も薩軍側によく聞こえた。


こうして、薩摩の英国に対する関心は急激に高まった。英国へ留学生を出そうということになった。一八六五年（慶応元年）日本初の海外留学生が薩摩から出された。といっても、まだ海外行きはご法度の時代。一策を案じ離島へ出張の名目で出発させ、遠いところで英国船に乗り込ませた。その数は十九人。藩内から厳選された若い俊才たちだった。後の外務大臣・寺島宗則、大阪商工会議所初代会頭・五代友厚、文部大臣・森有礼らもこの十九人の中にいた。

薩摩鼓笛隊としてもイギリスの黄金色に輝く楽器が早速にでもほしかった。が入手は難しいし、また入手できても簡単に使えそうでもなかった。というわけで、可能なことから導入することにした。その第一がイギリス軍楽隊の曲である。この曲こそ、今なお「維新マーチ」として知られる曲である。

鹿児島湾における薩英戦争と同じ年（一八六三・文久三年）関門海峡にさしかかったアメリカ商船を長州藩から砲撃した事件も起こっている。当時の尊王攘夷思想（天皇の権威の絶対化と封建的排外主義を合わせた政治思想）のせいであったが、この事件のせいで、英仏米蘭の軍艦十余隻が大挙して同海峡に押し寄せ、三日間にわたって長州を攻撃している。ここでも外国の新鋭艦・最新の砲・兵器の強力さをイヤというほど知らされた。諸外国の先進性、日本の後進性を認めざるを得ない状態になった。劣等感―それは舶来の品々（当時でいえばビロード、ガラス製品など）へのあこがれでもあった。

外国語への関心も高まった。一八五八年（安政五年）すでに日本最初の英語の学校として長崎に伝習所が生まれていた。これがのちに済美館・広運館そして長崎県立長崎中学となる。

キリスト教宣教師も多数来ていた。とはいえ、公式にはまだ禁止の時代とあって、宣教師は表向きには教育、医療、福祉事業に力をそそぎ、じっと禁が解かれる日を待っていた。（正式にキリスト教禁止の高札が撤去されたのは明治六年のことである）〝ヘボン式ローマ字〟の創始者、アメリカ人J・C・ヘボン博士もそんな一人であった。

一八六三年（文久三年）には横浜の外人居留地に、一八六五年（慶応元年）には長崎大浦にそれぞれ天主堂が建造されている。あくまで外人による外人のための教会堂だったが、ひそかにキリシタンとなる日本人もかなりあった。

耶蘇《やそ》我を愛す　左様聖書申す

帰すれば子たち　弱いも強い
ハイ耶蘇愛す　ハイ耶蘇愛す
ハイ耶蘇愛す　左様聖書申す

という日本語歌詞の賛美歌も当時こっそり歌われたとある。もちろん翻訳歌詞で、メロディーはそのまま。今も日曜学校などの子供が「主我を愛す　主は強ければ……」という歌詞で歌っているあのメロディーである。

ともあれキリシタン文化が再び流れ込み始めたわけである。

日本における西洋音楽のスタート――以上述べたように器楽は軍楽隊から、そして声楽は賛美歌から始まったことは注目したい。

## 第四話　ワラジとフルート

時代は明治と変わる。もう在留外国人もかなりの数に達していた。東京には外国の公館も次々に開設された。イギリスの公使館には護衛兵、軍楽隊もいた。赤い軍服だったので、東京の市民は「赤隊」と呼んでいた。この軍楽隊の隊長がジョン・ウイリアムス・フェントンだった。日本の洋楽発展の初期に大きな貢献をした人として忘れることのできない人物である。

横浜には英国駐屯軍がおかれていて、各地各藩（藩がなくなるのは明治四年）から英国兵法を学ぶために若者が集まっていた。薩摩からの肝付兼行《きもつきかねゆき》もその一人だったが、彼は英国軍楽隊のすばらしさの虜になった。彼の意見がいれられて薩摩の鼓笛隊長・西健蔵以下二十二人が軍楽修業のため横浜に派遣された。教えるのはフェントンである。藩ではフェントンを通じてロンドンに新式の大小楽器をも注文した。

のち、海軍軍楽隊楽長になった高崎能行《あつゆき》も薩摩から派遣されてここで学んだ一人だが、そのときの様子をこう伝えている。（小田切信夫氏の著書による）

「明治三年、楽器がきてから軍楽を習った。鹿児島にいるとき断髪令がくだり、陸海軍に従事する者は断髪せよということだったので、髪だけはチョンマゲではなかったものの服装にいたってはまことに珍妙なものだった。まず羽織の前をボタンでとめ、ももひきをヒザまでまくり、刀をさし……それから素足にワラジをはき、さらに用心のワラジをぶらさげ、そのいでたちでフルートなど手にしたものだった。むろん五線上に書かれた音符で習ったのだが、速成だからつらいものだった」

想像するだけでもおもしろい光景である。こうして、ともかく約三カ月、楽譜のイロハから楽器の基礎を学んだ。そのとき薩摩軍楽隊が揃えた楽器はクラリネット、トランペット、ホルン、トロンボーン、ピッコロ、大小の太鼓などとある。ともかく洋式軍楽隊の誕生である。

横浜で教育を受けた者が薩摩に帰ると、藩では新しく軍楽隊二隊を創設、横浜帰りが教育に当たった。この軍楽隊は次第に拡充され、明治四年朝廷警固のため薩摩から派遣された二個大隊には軍楽隊も付いた。これがやがて近衛兵になり、軍楽隊は近衛兵軍楽隊となった。その初代楽長はすでに記した横浜帰りの西健蔵だった。

明治四年、五年には新しい陸・海軍軍楽隊も生まれた。その主力は鹿児島出身だった。フェントンは海軍軍楽隊の教師となっていた。ボツボツ日本語を覚えはじめ、しゃべりはじめたが、その日本語たるや全くの薩摩弁だったという。当時の鹿児島勢の勢力がいかに強大だったかしのばれようというものだ。

そんな陸・海軍軍楽隊の晴れの舞台も相次いだ。天皇のお召艦に乗り込み関西・九州への巡幸に同行（明治五年）したり、鎌倉における大演習（明治六年）で天皇の前で演奏したり……。明治五年十月、日本初の〝岡蒸汽〟鉄道が新橋から走り出す日、開通式に演奏したのも軍楽隊であった。

そんなときより少し前――正確には明治三年の夏、横浜に薩摩から派遣されてきていた頴《えい》川《かわ》与五郎に教師のフェントンはこんなことを強調した。（和田信三郎著『国歌制定の詳説』による）

「外国には必ず国歌がある。国歌がないと国の式典、天皇の送迎、外国貴賓の接待などに困る。ぜひ国歌を作るべきだ。先輩らに相談して歌詞を作ってもらえ。その譜は自分が作ってやろう」

頴川は同郷の砲兵隊長・大山巌（のち元帥、陸軍大臣）に相談する。大山は「なるほど……」とうなずき、ある歌詞を書いた。それが「君が代」の歌詞である。古今和歌集〝賀〟の部の頭に「読み人知らず」として出ている歌で、薩摩琵琶の「蓬萊山《ほうらいさん》」にも使われているところから、大山はかねてから知っていたのだろう。

歌詞を受け取ったフェントンは帰国直前のあわただしい日々の中でともかく曲を作った。が、悲しいかな、フェントンには歌詞の意味がよく理解されていなかったせいか日本人には不評だった。あまり演奏されぬまま明治九年、この曲は正式に廃止され、明治十三年になって今の曲が生まれた。宮内省の雅楽課内部で曲を募り林広季（鹿児島出身で雅楽部副長だった林広守の長男）と奥好義（のち「婦人従軍歌」「勇敢なる水兵」など作曲）の合作曲が選ばれたものだが、林広守が補正したり、ドイツ人エッケルトが吹奏楽譜にアレンジしたりでいろんな人の手が加わって今日の曲になった、というのが正しい。このエッケルトとはフェントンが帰英のあと、日本の海軍軍楽隊教師として招かれていた人物である。

芥川也寸志（作曲家）は労音機関誌の「労音会員のための音楽談義」の中で、

「雅楽の旋律にドイツ流のハーモニーをつけた、わがニッポンの国歌は、素朴な美しい田舎道を、砂ほこりを巻きあげて、少し旧式なドイツメイドの自動車が走る風景を思わせます」

と評している。確かにそんな歌である。が、この〝国歌〟誕生までに鹿児島出身の俊才たちがいかに苦労したかは、素直に認めねばなるまい。

このような時代ゆえにおもしろいエピソード、悲喜劇もいろいろあったようだ。

たとえば明治十年、いわゆる西南戦役に際し、九州に向かう政府軍が横浜から船出する折、歓送の軍楽隊は〝荘重な曲〟を—との注文で一曲選んで演奏した。大変、好評だった。その曲がショパンのピアノ・ソナタ第二番の第三楽章、つまり葬送行進曲とわかったのはだいぶ日がたってからだった。

## 第五話　学校唱歌

「邑（むら）に不学の戸なく、家に不学の人なからしめんことを期す」といったうたい文句で太政官布告が発せられ、いわゆる学制が生まれたのは明治五年である。現代教育のスタートである。

それまでの教育は各藩の藩校、各地の寺子屋で行われていたが、徹底したわけでなく、無学文盲が多かったことは事実である。

小学校が作られ始めたものの、明治十五年の福岡県下の小学校は七百八十二、児童数は七万余。就学率は三八・八％とある。十年間の遅々たる歩みである。

小学校の教科に「唱歌」という文字は出たものの〝当分欠く〟である。教える人もいなかった。学制から七年後、文部省に初めて音楽取調掛が生まれ、さらに八年後、つまり明治二十年にその取調掛が東京音楽学校（現在の東京藝大音楽学部の前身）と改称されたぐらいで、音楽の教師の養成はまだできていないのは当然だった。

が、洋楽に関心を……という祈りは文部省にも強かったとみえ、明治七年の文部省『小学読本』にこんな文章がある。

「この箱の中に響あり。汝は此響をば何なりと思うや。此箱の中にあるはネズミならずば猫なるべし。汝は何と思うや」

これがピアノの説明。さらにラッパのことは――

「彼等の持ちたる笛の名をば何というぞ。此はラッパなり。彼等は楽隊の兵卒ゆえに、此笛を吹くことを鍛錬するなり。此笛は兵隊の行列を整うる合図に用い、また祝日の音楽に用いるものなり。此笛は管長くして先の開きたるものゆえに、声を発すること最大なり」

こんな明治初期、わずかに音楽を教えていた学校は私塾的なキリスト教の学校であった。長崎の活水女学校もそうだった。現在の活水女子短大の前身である。長崎の活水の創立は明治十二年、その分校として明治二十一年福岡に作られたのが福岡女学院である。

ここで注目したいのは旧来の邦楽と新しい西洋音楽の関係である。

確かにこの明治初期、さまざまの意見が対立した。邦楽こそ日本の音楽で、西洋音楽は排斥すべしとする意見があった。邦楽と洋楽を一体化して新しい日本独自の音楽を作るべし、とする意見も強かった。

が、政府が決めた姿勢は西洋音楽をとり、邦楽を退け、学校の音楽もことごとく洋楽とするものであった。これによって、邦楽は江戸時代あれほどの絢爛たる花を開いたにもかかわらず発展を止め、単に〝保存〟のみの立場に追い込まれてしまった。そして国民の持つ音楽は学校唱歌、軍歌……すべて洋楽調にぬりつぶされることになる。

この政府の決定は日本にとって幸いだったのか、不幸だったのか。いろいろ見解は分れるだろうが、少なくとも「明治時代には邦楽は洋楽と相対峙して充分にその孤城を守り得たことは国民のために幸福なことであった」（田辺尚雄氏）というのは事実であろう。

東京音楽学校の前身・音楽取調掛が新設されたのと同じ明治十二年八月、滝廉太郎が生まれたのは奇しき因縁といえよう。

「荒城の月」「箱根八里」「花」など数々の名曲を残し、二十五歳の若さで病死したこの作曲家は、大分県速見郡日出町出身の内務官吏を父に東京・芝に生まれ、父の転勤に伴い大分県竹田に移る。大分県尋常師範付属小高等科、竹田の直入郡高等小に学んだ。竹田の高等小学校の同級生・朝倉文夫（彫刻家。竹田の岡城址の滝廉太郎像はこの人の作）によれば、滝はよく尺八を吹き、また学校の式典でオルガンを奏するのも滝だったという。教師よりも上手だったわけだ。やはり天才的な音楽の才能の持主だったのだろう。

明治二十七年東京音楽学校に入学、卒業後ドイツに官費で留学と決まり、三十四年四月渡独。同年末胸を病み、翌年帰国大分に戻って静養したが、三十六年死亡。彼の銅像の正面には「人生は短かく、芸術は長し」と彫られている。

滝が生まれたのと同じ明治十二年、熊本県人吉の農家に、犬童球渓が生まれている。この人も、滝とともに日本の音楽史を語る上に忘れてはならない人である。

「いくとせ　ふるさと　来てみれば　咲く花鳴く鳥　そよぐ風……」という「故郷の廃家」

「更けゆく秋の夜　旅の空の　わびしき思いに　ひとりなやむ……」という「旅愁」

いずれも外国の曲であることは忘れられるほど日本化した、明治の家庭・学校唱歌だが、この外国曲にみずから作詞して紹介したのが犬童であった。

彼は熊本師範を卒業、同県宇土郡で小学校教師。その音楽の才が注目され県から派遣されて東京音楽学校に学ぶ。卒業後、兵庫、新潟の女学校の音楽教師。明治四十一年熊本市の県立第一高女（現・第一高）へ、さらに大正七年から昭和九年まで故郷・人吉市の人吉高女に在職。約三十年の音楽教師生活だった。昭和十八年死去するまでに三百七十余曲の作品を数えるという。

洋楽が学校教育にも採り入れられたもののまだ大衆には縁遠い明治のころ、洋楽の要素・音楽性の高いかずかずの新しい歌を作曲しあるいは作詞し、洋楽と大衆を結び付けた人として滝廉太郎、犬童球渓は忘れてはならない。


学校唱歌でもつぎつぎに新しい歌が生まれている。欧米のメロディーをそのまま導入し、歌詞を日本でつけたものが圧倒的に多いが、文部省は唱歌を芸術教育とは考えず徳育のための教科と考えたらしく、歌詞は難解なことばによる修身調が目立つ。

スコットランド民謡を使った「蛍の光」（明治十四年）にも「海山遠くへだつとも　その真心はへだてなく　一つに尽くせ国のため」とある。

同じ年のスペイン民謡による「蝶々」（野村千足作詞）にも「桜の花の栄ゆる御代にとまれよ　あそべ　あそべよ　とまれ」とある。

修身調でなくても、小学生には難解だった。明治十七年、アイルランド民謡による「庭の千草」（里見義作詞）では「露にたわむや菊の花霜におごるや菊の花……」

同年、スコットランドの「アニー・ローリー」を原曲にした「才女」も小学唱歌だが「ゆかりのいろ　ことばのはな　たぐいもあらじ　そのいさお……」などとある。これらの難解な歌詞が当時の子供たちに理解できたはずはない。

いっぽう、軍国色が濃厚となるにつれ軍歌が生まれる。軍歌にはもちろん批判が多い。軍歌を肯定するか否かは別の議論として、明治二十年代―日清戦争（明治二十七・八年）に生まれた軍歌として「敵は幾万」「元寇」「道は六百八十里」「雪の進軍」「婦人従軍歌」「勇敢なる水兵」などをあげておこう。

そして、一つ注目したいのはこの時期の軍歌に〝庶民の哀歓〟が素朴に歌われ、〝歌〟として〝真実味〟が強い点である。以後、第二次大戦まで、日本に軍歌が続々作られた時代が何度かあった。日本人の音楽の能力は歳月とともに高くなっていたはずなのに、明治二十年代の軍歌ほど庶民の切実な感情を素朴に歌ったものはない、と指摘する人すらある。

もう一つ忘れてならないのはこれらの軍歌のリズム・拍子が以後の日本の歌の基本的パターンとなったことである。以後の子供の歌も、学生の寮歌などもなんとなく行進曲調であることと考えあわせてもらえば、軍歌の影響の大きさに驚かされよう。

## 第六話　九大フィル

長崎の人たちは出島、キリシタンの関係から比較的早い時期に西洋音楽に親しんだ。明治十八年には浦上の教会で日本人信者二十数名が同教会フレーメン神父の指導でブラスバンドを結成したとの記録がある。楽器は全部フランス製。そして子へ、孫へとその楽器、技術は伝えられ、昭和初期まで存続した。

その長崎に明治三十八年、長崎音楽協会が結成され、同年の第一回演奏会にはベートーヴェンの「田園」を演奏したというから驚きである。

この協会の中心人物は大北電信（長崎―大連間の海底電信を敷設したりしていた会社）長崎支店長の夫人で、デンマーク人カロリン・ジョルダンだった。デンマーク宮廷音楽学校出身の美人ピアニスト。そして三人の息子にもベース、チェロ、ヴァイオリンと教え込んでいる音楽一家だった。家庭でのコンサートもしばしば開き、よく近所の人を招待した。夫人は明治三十三年からしばらく頼まれるままに活水女学校で音楽の先生を勤めたこともある。

夫人の努力で、長崎には洋楽ファンが次第に増えた。その人たちで長崎音楽協会結成となったのだが、メンバーはジョルダン一家に当時の長崎の地方裁判所長・山口武洪、その娘の節子、長崎高女の音楽教師・青地キチ（のちに活水の音楽教師）ら、それに長崎在住の外国人ら、二十余人だった。演奏会の会場は大北電信支店のホールだった。

こうして明治後期、西洋音楽は次第に日本人の間に浸透していった。といっても、まだ一部の上流の人たちのものであった。

そのころの福岡では……

明治三十六年三月、京都帝国大学福岡医科大学（九州大学医学部の前身）が誕生した。ここに明治三十九年十一月ドイツから帰国したばかりの榊保三郎が精神病学担当教授として着任した。ドイツに留学中はアウアーにヴァイオリンを師事したという音楽好きの教授のこと、精神病学教室の講堂はオーケストラの練習場・演奏会場となった。

初期は福岡市春吉の教授宅で教授自身の独奏、そして学内有志数人を自宅に集めての演奏会だった。弦だけのグループだったという。明治四十年十二月十七日には「楽聖ベートホヴェン氏誕生日祝賀音楽会」なるものが教授宅で開かれている。詳しい記録は残っていないが、おそらく福岡市内での音楽会の最初とみられる。

つづいて教授は年に一、二回ずつ自宅や同市内西中洲の公会堂（現在・旧福岡県公会堂貴賓館・重要文化財）で演奏会を開催している。

古いメンバーの当時の思い出話を『九大フィルハーモニー・オーケストラ五十年史』から拾ってみよう。

「明治四十三年秋に、中洲の公会堂で初の演奏会を開いたが、その時、榊先生が会の名をフィルハーモニー会とつけようといわれた。ところが、フィルハーモニーということばが何のことかさっぱりわからないので、一体これは何ですか、と尋ねたら〝イヤ、ドイツでは有名な楽団はみな何々フィルハーモニーというのだ〟と聞かされて、なるほどそういうものか、と感心した」

明治四十三年はまだ九州帝国大学ではなかった。九州帝大となったのは明治四十四年である。そして、ただのフィルハーモニー会が九州帝国大学フィルハーモニー会となった。

大正二年の第四回演奏会の記録がある。会場は西中洲の公会堂。

「管絃合奏曲」では「モツァルト氏作曲〝僧侶進行曲〟」、同じく〝霊笙〟とある。モーツァルトの歌劇「魔笛」の〝僧侶の行進曲〟と〝序曲〟である。「ピアノ二部連弾曲」では「ニコライ氏作曲喜歌劇〝ウヰンゾルの笑ひ女〟」というのもある。〝ウインザーの陽気な女房たち〟のことである。ピアノ独奏では「ベートホーフェン氏作曲〝月光段曲〟」とある。有名なピアノ・ソナタ〝月光〟である。

楽器を揃えるのも大変だった。榊教授は随分ポケットマネーをつぎ込んだ。

大正九年にはこんなこともあった。第一次大戦で捕虜として久留米に収容されていたドイツ人たちが全員故国に帰ることになりお別れ演奏会を開いた。九大フィルのメンバーもわざわざ聴きにいった。そのドイツ人がティンパニーとホルンを売って帰国したいと聞き、さっそく買おうとなった。ティンパニーは二十四円、ホルンは七十円。ティンパニーは十五円に値切って、ホルンとともに買った。ティンパニーは彼らの手製の不細工なものだったが、何とか音程がりっぱに出せるとみんな大喜びだった。

そのころ榊教授は「上海には立派な音楽堂があるから、海外遠征の手始めに上海に行こうか。あそこは無税だから楽器や楽譜が安く買えるよ」と、よく言い、本気でアメリカ遠征も考えていたという。

上海・アメリカは実現しなかったが、大正十二年四月、九大フィルは東上した。メンバーは五十人。大阪・中之島公会堂で二夜、東京・帝国劇場で二夜、名古屋で一夜というスケジュール。曲目はベートーヴェンの五番、六番、それにチャイコフスキーの「クルミ割り……」ハイドンの「玩具交響曲」シューベルトの「未完成」など。指揮はもちろん榊教授。ところが悲運だった。パリで北白川宮が自動車事故で急死。当時、皇族の死去は大変だった。一週間、日本中は〝歌舞音曲停止〟となってしまった。開催日を延期して……と努力を重ねたもののついに話し合いはつかず、演奏しないまま福岡に戻った。

明治の末、日本で初のフィルハーモニーという名を名乗った九大フィルであった。日本最初の民間交響楽団としては山田耕筰によって大正三年に設立された東京フィルハーモニー管弦楽団が有名だが、それ以前に、福岡の地に九大フィルというオーケストラがちゃんとあったことは銘記されねばなるまい。

その九大フィルは昭和三十四年六月二十一日夜、福岡市電気ホールで五十周年記念演奏会を開いた。その後も毎年、春秋定期演奏会を重ねている。九大フィルの歴史は福岡の音楽発展の歴史でもある。

大正十三年一月二十六日、福岡市記念館（現在福岡市中央区天神の西日本新聞社近くの建

物。一時は中央公民館とも言った）で開かれた「摂政宮殿下御成婚奉祝音楽会」。昭和天皇の御結婚を祝う音楽会で九大フィルはベートーヴェンの第九の四楽章を演奏している。管弦楽附混声合唱・新編奉祝歌と題して、プログラムの説明には「右曲はベートホーフェン作曲第九交響楽最終楽章中の快速調及び緩徐調に文部省撰奉祝歌詞を榊保三郎が適応せるものなり」と記している。コーラスは九大、福高（旧制）、西南学院、福岡師範ほか市内の中学・女学校の学生・生徒ら計二百人。文部省が決めた奉祝歌の歌詞をベートーヴェンの第九の終楽章にあてはめて歌ったわけである。

日本の音楽史では、ベートーヴェンの第九の初演は大正十三年秋、東京音楽学校オーケストラによって、とされているが、第四楽章に関しては九大フィルが日本初演だったわけである。

大正十一年、メンデルスゾーンの第四交響曲（イタリア）をやっているが、これも九大フィルが本邦初演。次に演奏したのは、ずっと遅れて昭和六年、新交響楽団（ＮＨＫ交響楽団の前身）――こんな記録も調べるときりがないようだ。驚くべき九大フィルであった。

# 第七話　映画とレコード

明治三十年代から、つまり明治後期には文語体の美文調歌詞から次第に言文一致の歌――すなわち話しことばによる歌詞の歌が多くなった。各小学校の唱歌教育もようやく軌道に乗って、現場教師からの意見もはっきり出てきた成果である。

「きんたろう」（まさかりかついで……。石原和三郎作詞）「ももたろう」（ももからうまれたももたろう……。田辺友三郎作詞）「お正月」（もういくつ寝ると……。東くめ作詞）「はなさかじじい」（うらのはたけでポチがなく……石原和三郎作詞）などなど、みんな明治三十年代初期の歌である。かつての「大将師直いずくにか　かれのこうべを取らずんば再び生きて還るまじ」（明治二十九年・大和田建樹作詞「四条畷《なわて》」）といった調子はない。

そのころの大ヒットが九州・佐世保から生まれた。「空にさえずる鳥の声　峰より落つる滝の音……」（武島羽衣作詞）と今日もよく知られる「美しき天然」である。作曲者は当時佐世保海兵団軍楽隊長・田中穂積。明治三十三年の作。この年、佐世保に新設された女学校の校長から「若い女子に歌わせるのにいい歌」と依嘱、校長と田中が武島羽衣のこの詞を選んで田中が作曲した。哀感をもった五音短音階のこの歌はたちまち広まり、そのころ流行の町のえん歌師がヴァイオリンをひきつつ全国津々浦々で歌った。全国の青年男女の愛唱歌となった。替え歌も随分作られた。

この曲の後に大ヒットしたのは明治四十三年の「七里が浜の哀歌」（真白き富士の嶺　緑の江の島……。三角錫子《みすみすずこ》作詞）である。神奈川県逗子開成中学のボートが遭難、十二人の少年が全員死亡した事件に同情して、合同法要で女学生が合唱した歌だった。曲はアメリカのものである。

明治三十年前後から町の楽隊も各地に生まれた。十数人の吹奏楽隊だが、専ら宣伝広告用。運動会とか祝賀会などでも人気のマトだった。ちょうどわが国の商工業が飛躍を重ねる時代―その波にのって楽隊の需要は相当のものだったらしい。そして町の人々もそんな楽隊、そんな音楽が好きになっていった。

福岡ではそのころ磯野七平市長（明治二十六年―二十八年）の後援のもとに河原田平助（文具商復古堂）らが発起人となっての博多音楽隊が生まれ、ついで二十九年には十数人の若者による手風琴音楽隊が生まれている。大学通五丁目梅津繁次郎が作ったのだが、手風琴―つまりアコーディオンを持って、スマートな制服。のちには管楽器なども加え鎮西音楽隊と改称、山口県や対馬あたりまで遠征している。

明治三十七、八年の日露戦争の折、将兵の出征などには福岡市音楽隊が出ていた。戦争直前、博多・麴屋町に河原田平八郎（さきの平助のあととり）が中心に作ったグループだ。自転車商による愛輪音楽隊、堅粕の筑紫音楽隊などの名も残っている。

そのころ、いまの板付空港に近い筑紫郡蓆田村《むしろだむら》の関常次郎は青年の不良化・夜遊び防止のために……と、楽隊を作らせ成功したという〝進歩的〟な話も残っている。明治四十年には福岡市内の対馬小路《つましょうじ》に佐藤広告音楽隊という、赤いユニホーム、赤い帽子のプロ音楽隊が生まれている。

このような楽隊の全盛は長くは続かなかった。幸徳秋水らのいわゆる大逆事件（明治四十三年）を契機として集会・行列の取締り強化、そして経済恐慌が商工業を沈滞させていったからである。「ああ世は夢か幻か……」とか「あきらめ節」など厭世的な歌が愛唱されたのも明治三十九年、四十年のころである。

海を越えたアメリカではニューオルリンズを中心に黒人たちのジャズが形をなし、ジャズ音楽の誕生期とされるのが明治三十五年（一九〇二）―明治四十年（一九〇七）、すなわち一九〇〇年代初頭である。

明治末期の九州で、もう一つ忘れてはならぬことがある。邦楽の分野に入ることだが、琵琶である。鹿児島の薩摩琵琶、福岡の筑前琵琶が黄金時代を迎えていた。日露戦争後、急激にファンも増え、九州各地だけでなく東京でも大変な人気だった。

今日でも音楽ファンの中で、特に映画音楽が好き、という人も多い。音楽の歴史をたどる上で、映画はたしかに一つの役割を果たしていることを見逃すわけにはいかない。

エジソンのいわゆるキネトスコープ発明が明治二十二年（一八八九）とされているが、日本に映画（活動写真）が入ったのは明治二十九年とされている。

が、映画の常設館が生まれたのは明治三十七、八年の日露戦争後、九州の場合は明治の四十年代に入ってのことである。そんな映画館で伴奏に楽隊を使うようになったのは明治四十三年、東京・浅草のオペラ館が皮切りだった。九州・博多の場合、大正十一年、中洲のバッテン館が初めてだった。バンドマスターはピアノの松本金太郎。それにヴァイオリン、チェロ、クラリネット、トロンボーンといった編成だった。みんなプロ。さすがに演奏も当時としては水ぎわ立ち、若い女性の憧れを集めた。この楽隊のヴァイオリン弾きに一人のハンサム青年がいた。のちの大物俳優・高田稔の若い日であった。活動写真を見て「俺にやらしてくれれば、もっとうまくやるのになぁ……」といつも口にしていた。

映画とともにレコードも忘れてはならない。レコードの歴史は明治十年（一八七七）のエジソンのフォノグラフ（錫箔を円筒にはりつけたもの）の発明に始まる。今日のような円盤レコードは明治三十年、ドイツで発明された、とされている。

それはともかく、日本では明治四十二年、日米蓄音器製造株式会社が設立されてレコードを作り始めている。国産レコードのはじまり。四十三年十月一日には日本蓄音器商会と改め、ワシ印のニッポノホン・レコードに統一して売り出した。日本コロムビアの前身であるが、同時に蓄音器、つまり再生装置も売り出している。当時、巡査の月給十円という時代だが、蓄音器は二十五円から五十円、レコード一枚一円五十銭ないし二円。といってもいまのLPのように一枚の表裏で約四十分なんていう進んだものではない。記録によれば、芳村伊十郎の「勧進帳」が片面盤で十一枚つづき、豊竹呂昇の「壷坂」が片面盤十三枚つづきとある。義太夫「壷坂」一つに、二カ月半の月給、と考えれば大変高価な〝文化〟だったわけだ。

ニッポノホンとは妙な名だが、日本の蓄音器という意味と同社の米人社長F・W・ホーンの名をうまく組み合わせたものだ。

大正元年には大阪にも大阪蓄音器が誕生、同三年には東洋蓄音器が関西にでき、オリエント・レコード（ラクダのマーク）を発売した。このオリエントがレコード界をびっくりさせたのは人気女優・松井須磨子に人気の高い芝居「復活」の中の〝カチューシャの唄〟（島村抱月・相馬御風作歌、中山晋平作曲）を吹き込ませ「復活唱歌」と題して売り出し、大ヒットしたことだ。大正四年のことだった。伴奏もなく、松井須磨子があやふやな音程で「カチューシャかわいや　別れのつらさ……」と歌っているのだが、売れに売れた。またたくまに二万枚という。今でこそ五十万枚、百万枚と売れる大ヒットもあるが、当時の二万枚とは考えられぬ大ヒットだったらしい。倒産しかけていた会社が持ち直した。

松井須磨子はこれが縁でワシ印のほうに迎えられた。そして新しい芝居を上演ごとにその中の歌をレコードに入れ「その前夜」の中の〝ゴンドラの唄〟（大正五年）「生ける屍《しかばね》」の中の〝さすらいの唄〟（大正六年）など大ヒットとなった。

中山晋平は〝カチューシャの唄〟を作ったころ、島村抱月宅の書生だったが、この大ヒットで作曲に進み、昭和にかけて幾多の流行歌、童謡、新民謡など残す大作曲家となった。

余談が続いたが、そんな大正初期、博多にはもう何軒かのレコード屋があった。そして大正十年には小倉・永照寺で、十一年には福岡市記念館で、レコードコンサートをやったという記録がある。福岡では「カルメン」全曲を聴かせたということだ。いずれもその地の文化人団体が主催した。

## 第八話　西南グリーと成楽団

九州におけるキリスト教系学校の歴史はすでに述べたとおり古い。福岡では福岡女学院に次いで大正五年に西南学院（旧制中学）がアメリカのバプテスト派宣教師C・K・ドージャーによって創設された。

同八年、音楽に熱心な宣教師ミス・フルジョムが着任、このミスを中心に音楽好きの中学生が集まりグリークラブという男声合唱団が誕生した。メンバーは十数人。その中には伊藤武雄（のち声楽家。東京藝大教授）井上精三（のちＮＨＫ福岡放送部長）河野博範（のち西南大教授）らの少年時代の姿もあった。今も福岡で作家活動をつづける原田種夫もこの中学の第一回入学。ヴァイオリン片手に歩くハイカラ中学生だった。

このグリークラブのメンバーはフルジョムの指導で「オールド・ブラック・ジョー」「スワニー・リバー」など英語の民謡、賛美歌など熱心に勉強した。そしてクリスマスなどの教会の催しにはよく歌った。

第一回の中学卒業生が出る大正十年に西南学院は高等部を併設、グリークラブは高等部の学生に受けつがれた。戦後、新制大学になってからもずっとこのグリークラブは生きつづけている。昭和十八年から終戦直後まで空白があるが、大正八年から今日まで五十余年の歩みというわけである。その間輝かしい受賞のかずかずも特筆しておかねばならない。昭和二十三年の西部合唱コンクール優勝を皮切りに全国の合唱コンクールにも入賞を重ね、学生コーラス界の実力者として西南学院大学グリークラブの名は全国に知られた。また、のちの福岡の合唱黄金時代（昭和三十年ごろ）の実現へ一つの役割を果たすことにもなる。

戦後、このグリーのＯＢたちは西南シャントゥールという男声合唱団を結成、地道ながら活動している。四十代、五十代、六十代の社会人が忙しい本業の余暇に集まって、楽しそうに歌う姿―これこそ音楽の楽しさ、歌うよろこびを知る人たちだ、といえよう。
西南学院には大正十一年、オーケストラも生まれている。グリークラブの井上精三らが中心に創設したのだ。これも何度か中断の歴史があるが、近年はすっかり安定、堅実に定期演奏会を重ねている。

福岡市中央区大手門。福岡城址から海の方に出ると簀子《すのこ》小学校がある。この小学校が大正年間、福岡県内、いや九州では最も進歩的な音楽のモデル・スクールであった。音楽には目のない大橋利康という先生がいた。そして大正九年にはグランドピアノがこの学校にはあった。当時八百円もした。小学校の先生の月給が中堅級で三十円ばかりのころの八百円だから大変な高級品である。大橋先生が父兄を説いて回り、やっと八百円を集めて買ったグランドピアノである。大橋は鮮やかにキーをたたいて子供たちに歌わせていた。この小学校には先生六人によるオーケストラも生まれた。ピアノ、ヴァイオリン、チェロ、クラリネット、トロンボーンなどで編成していた。

大正十年からは毎年夏に、この学校で夏季音楽講習会を開いた。県内各地から毎夏四百人位もの先生たちが集まった。この講師も豪華だった。第一年目にはヨーロッパから帰国したばかりの作曲家・田村虎蔵まで招いている。その後は福岡師範の原田彦四郎、越尾隆といった音楽のプロが講師をつとめた。

明治いらいの学校の唱歌教育にあきたらないで、何か新しい音楽教育を求める気持ちが小学校の先生の間にようやく広がりはじめたのが、このような講習会への参加となった、と見てよかろう。

大正十一年に、大橋、原田は「成楽」という雑誌を月間で出し始めた。新しい教材楽譜中心の音楽教育雑誌である。福岡で、ちゃんと楽譜の印刷まで出来ていることも驚きだが、犬童球渓、古関祐而、本居長世、中山晋平、野口雨情、北原白秋など新進、ベテラン作曲家・作詩家がこの雑誌の依頼に応じて新しい作品を寄せているのも驚きである。

この雑誌は、たしかに先駆的だった。だから、最高一万部という数を発行する月もあった。配布地域は全国に及んだ。が、同種の企画が中央の大資本によってなされると、やはり地方の人の、熱意だけでは勝負にならず、数年にして消えざるを得なくなった。

この簀子小学校の先生のオーケストラを中心に、福岡県内の同好教師の参加をえて二十人ばかりの日本成楽団と称する管弦楽団も大正十三年には生まれている。休暇を利用して九州各地はもとより、静岡、さらに朝鮮半島にまで演奏旅行をやっている。小さい編成だが、意欲はえらく大きかったらしい。


大正中期といえば童謡の誕生期としても注目せねばならない。文部省の唱歌が文語調、教化調だったのに対し、児童性尊重、口語調の歌を強調する動きは、明治末期からすでに出始めていたが、ようやく大正中期に具体的動きとなったわけだ。

有名な児童雑誌『赤い鳥』の創刊である。鈴木三重吉が大正七年七月に〝童話、童謡を創作する文学運動〟として創刊したのだ。この雑誌から幾多のすぐれた童謡・同作家が生まれ、またこの雑誌が刺激となって幾多の児童雑誌も生まれた。

柳川出身の北原白秋はじめ、西城八十、三木露風、野口雨情ら、みんなそうである。そして大正八年前後に何とたくさんのいい歌――日本人の心の歌が生まれているか、あらためて見直したくなる。

「唄を忘れたカナリヤは…」（西条八十作詞、成田為三作曲「かなりや」大正七年）

「雨がふります雨がふる…」（北原白秋作詞、弘田龍太郎作曲「雨」大正七年）

「お手々つないで野道をゆけば…」（清水かつら作詞、弘田龍太郎作曲「靴が鳴る」大正八年）

「柱のきずはおととしの五月五日の…」（海野厚作詞、中山晋平作曲「背くらべ」大正八年）

「青い月夜の浜辺には…」（鹿島鳴秋作詞、弘田龍太郎作曲「浜千鳥」大正八年）

「夕焼小焼の赤とんぼ…」（三木露風作詞、山田耕筰作曲「赤とんぼ」大正十年）

「カラスなぜ啼くのカラスは山に…」（野口雨情作詞、本居長世作曲「七つの子」大正十年）

こうして並べていくとキリがない。この大正中期という時代――いわゆる大正デモクラシーの頂点といえる時代をいろんな観点から見直したくなる。第一次大戦（大正三年―七年）による経済膨張・物価高騰・米騒動…。そして大正九年には日本初のメーデーが東京・上野公園で行なわれている。好況の波にのって盛況だった浅草オペラも大正七年を最盛期として下降していった時代である。

大正十年には「オレは河原の枯すすき　同じお前も…」という野口雨情作詞、中山晋平作曲の「船頭小唄」のような、救いのない暗い歌も生まれている。

# 第九話　歌劇の芽

小学校で福岡市簀子小学校が特筆されるのに対し、中学校では福岡県田川市の田川中学（現在田川高）が大正十年ごろ特筆されることを始めた。中学一、二年生に音楽を正課とした。全国でも初めてであった。

時の校長は鹿児島の武士の血をうける田中常憲。この人の著書「わが八十年――一教育者の回想」にそのときのことがこう述べられている。（カッコ内は註）

「私は情操教育の上から、人情を優雅にする上から、音楽を中学に取り入れる必要を痛感し、ことに筑豊炭田のすさんだ地方の青少年にはもっとも必要であるとの確信をもって、赴任（大正九年）いらい、これ（音楽を課すこと）が計画を進めていたところ、幸いピアノは篤志家の寄贈があり、教師も手近に得（田川の女学校の音楽教師が引き受けてくれた）その手当月二十円は、田川郡長湯浅史郎氏の好意で、私が郡内各種団体の講演を引き受ける代償として郡費の補助を受けることになり、いよいよ大正十年四月から一年、二年に音楽を課すことになった。はげた硬山、黒い炭山の中から優にやさしいピアノのリズム、音楽の神韻がかわいい少年たちの口からもれてくるとき、私は校長室にじっとしていることができず、コツコツと義足（明治四十一年・大阪に勤務中、列車事故で右足を切断していた）を音楽教室に運んで、生徒とともに歌うこともたびたびあった」

ただ音楽好きというだけの田中校長ではなかった。この文章から、音楽への信念、音楽への真の理解があったことがわかる。

そんな田中校長に、県庁から呼び出しがあった。視学からひどいお叱りだ。「男子の中学に音楽はないはず……」「ピアノはいかにして買ったか……」と。田中校長は、音楽が絶対必要だと説くが、とても聞いてもらえない。そして〝中止命令〟—校長はそれでも抵抗した。最後に視学は「知事がなんとおっしゃるか、知事に伺ってみろ」

当時の知事といえば殿様のようなもの。地方の中学校長ぐらいは生殺与奪《せいさつよだつ》の権をにぎっていたのだから、一校長が知事の前に出ていくなんてとんでもないことだった。

田中校長は時の安河内知事の前で、田川に音楽の必要なことを一生懸命に説いた。

知事は大きくうなずいた。そして視学を呼んで「男子中学にも音楽を課すことができるよう、学則を改正し給え。至急にな……」

こうして、福岡県は全国にさきがけて、中学で音楽を課すことができるようになった。文部省がそのように改正、全国に通達したのはそれから数年後のことである。

長崎にはすでにしばしばふれた。

大正年間にも、もう一つ長崎にふれなければならない。それは大正十一年の長崎シンフォニー・オーケストラの誕生である。

明治二十六年いらいジョルダン夫人が長崎の地にまいた近代音楽のタネは長崎音楽協会として実を結んだものの明治四十年代になると実際の活動は少なくなり、メンバーの転勤、進学などで穴がぽっかりあいていた。ジョルダン夫人だけは長崎にいた（彼女は昭和四年まで長崎在住）が息子たちも成長して、上海、横浜などに赴任していた。

大正に入ると、もう一度という声も強く、大正二年長崎フィルハーモニック・ソサエティが作られた。名は堂々たるものだが、十二、三人の弦を主力の楽団。これにあきたらず、管まで加えた本格的なものを、というので生まれたのが大正十一年の長崎シンフォニー・オーケストラ。伊藤辰一郎という長崎高商（現長崎大）出身の音楽好きで、楽器店を経営する青年だった。出島に近い貿易商の息子だった。高商時代は男声コーラスを組織したという。彼の経営する楽器店は、海外の楽譜も扱った。まだ東京あたりでも入手が困難な時代だが、貿易商の息子だけに見事な腕。ちょうど映画の伴奏に新しい外国の曲の需要が急増していた時代とあって、彼が輸入した楽譜は東京はじめ全国に引っぱりダコだった。

大正十二年九月一日関東大震災。その被災者を救おうと、十一月には長崎シンフォニーが慈善演奏会を同市栄之喜座で開いている。ジョルダン夫人も参加している。指揮は伊藤。プログラムは「モザート作曲小夜楽」などとある。モーツァルトのセレナードである。昭和に入ると、二年の夏、当時北九州随一の楽団として知られる門鉄管弦楽団を招き、長崎シンフォニーと合同演奏会を同じ栄之喜座で開いている。楽団員は合わせて八十余人。この大演奏に長崎の人はびっくりし、いつまでも拍手を続けた。長崎の楽界の黄金時代だった。

大正十年春、福岡市西公園で「こども博覧会」が福岡日日新聞社（西日本新聞社の前身）によって開かれているが、この会場で、当時流行の歌劇が地元の人によって上演されていることは見逃してはならない。

ここで歌劇にふれておくと、画期的娯楽として東京・帝劇に歌劇が生まれたのが明治四十四年。ここから石井漠、高田せい子らの舞踊家、あるいは鹿児島県加世田市出身のオペラの名歌手・松山芳乃里らが育っていく。大正二年には宝塚少女歌劇が生まれ、そして大正六年には浅草オペラがスタートしている。こんな時の流れは意外に早く福岡にも伝わったわけだ。福岡の歌劇を生んだのは井上胡蝶だ。もともと琴の先生だが、作曲から振付の創作、さらにシナリオも書くという才人だった。箏曲を洋楽譜で表現するという新しい手法も考案したというから進歩的だ。この人は家庭音楽会（家庭に音楽、洋楽器の普及を―というスローガンで大正初め博多に生まれた楽器店）の創始者であり、音楽プロモーターであった坂本五郎の協力をえて、当時十四、五歳のわが娘、井上富貴子や同じ年ごろの子女十数人を集めて速成教育、博覧会のステージで童話的舞踊劇を上演した。大変好評だった。これに気をよくして大正十一年には本格派歌劇をめざして「博多少女歌劇養成会」を須崎に作った。寄宿舎までもって、邦・洋舞から和・洋楽器、声楽……と教える科目も大変なもの。演劇史、美学、心理学まである。井上らの意気込みがいかに大きかったか、これでもわかる。

当初の生徒数は二十五人、やがて五十人以上に達した。講師は東京・帝劇からまで招いた。後には福岡女専（現福岡女子大）の先生も教えた。この養成会を終えたものは歌劇団青黛座《せいたい》を大正十二年に創設して吸収した。博多・九州座で盛んに公演した。もちろん脚本、作曲、演出、振付すべて井上胡蝶。中心スターは吉野花子。井上の愛娘・富貴子のことだ。

青黛座は北海道まで、さらに朝鮮・中国東北部までも公演の足をのばしている。大正十五年にはロシアの名バレリーナ・エリアナ・パブロバ（日本のバレエの育ての親、大正十一年来日）も招き、パブロバをプリマに青黛座員たちが「火の鳥」などを上演している。

ニガテは警察だったらしい。井上は何度も呼び出されて団員の舞台衣装について説諭《せつゆ》された。「もっとスソを長くしろ」「肩から露出するとはもってのほか…」などなどである。

しかし、井上胡蝶も好き、熱意だけでこれを持続することはできなかった。持てる財すべてを歌劇に突っ込んで、昭和二年、ついに解散した。若い女ゆえに結婚による退団があいついだのも致命傷の一つになった。

中心スターだった井上富貴子も結婚して鶴田姓となった。そして父親譲りの才能と熱意で昭和三年福岡市内に童心芸術協会を創設、舞踊・歌劇の指導をつづけ、昭和八年鶴田舞踊会と改称、第二次大戦のさなかまでつづけた。戦後はさまざまの苦闘のすえ、四人の娘がそれぞれ独立、大きく花を開いている。その四人とは長女・鶴田美保子（ツルタ舞踊芸術学校長）次女・鶴田溢子（鶴田バレエ音楽学院長）三女・鶴田貴美子（東京で鶴田バレエ・アーツ主宰）四女・鶴田睦子（声楽家）である。親子三代にわたるこの一家は特記すべきだろう。美保子、溢子の娘（美樹子、美佳子）もバレエにすぐれた才能を見せているから四代にわたることにもなりそう。そしてこれらの門下から梓みちよ、小柳ルミ子、江崎英子、宝塚の汐見里佳ら幾人もの現代のスターが輩出している。

## 第十話　外来演奏家

大正の後半には日本人音楽家の海外留学が活発化した。藤原義江、近衛秀麿らがそうである。その一人に熊本出身のソプラノ歌手・井上織子がいる。

熊本の尚絅《しょうけい》高女から東京女子音楽学校（国立《くにたち》音楽大学の前身）に学び、卒業後は同校の教師となっていた。大正十一年ドイツに留学、ベルリンの国立音大に学び同十五年帰国。昭和五年五月再びベルリンへ。そして間もない八月三十一日ベルリン郊外で自動車にはねられ二十九年の短い生涯を異郷で閉じた。薄幸な歌姫だった。彼女が吹き込んだレコードもない。吹き込みを勧められても「まだまだ勉強しなきゃ……」と断わりつづけていたという。

が、帰国中に彼女は故郷熊本や東京で独唱会を開き、絶賛されている。昭和六年三月一日東京・日本青年館で告別音楽葬が行われた。近衛秀麿指揮・新交響楽団などが弔楽《ちょうがく》を奏し、薄幸の歌姫をしのび惜しんだ。

大正の後半、外国に留学する日本人が増えるとともに、外国からの演奏家の来日もどんどん増えた。

大正十一年には名ヴァイオリニスト・エフレム・ジンバリストが来た。福岡市では記念館(中央区天神)で演奏した。ロシア生まれ、のちアメリカに落ち着き、有名なカーチス音楽学校の校長を続け日本の江藤俊哉、鈴木秀太郎らもその門下だ。一八九九年生まれだから来日した大正十一年(一九二二年)といえば二十三歳という若さ。だが、〝すばらしい芸術〟という折紙つきだった。

大正十三年十二月にも来日した。このときのことは今も古い音楽ファンの思い出話にしばしば出てくる。そんな〝事件〟があった。

福岡の会場は中洲の九州劇場。五円～八円の入場券は飛ぶように売れていた。スケジュールによれば、ジンバリストは関釜連絡船で朝鮮からこの日の昼すぎ下関に着き、夕刻までに博多に入ることになっていた。

が、午後七時になっても彼は博多に現われない。定刻過ぎても一向に始まりそうにないので、満員の客はいらいらしはじめる。そこに連絡があった。ジンバリストが乗った釜山までの列車が事故で遅れ、連絡船が予定より一便あとになり下関着が夕方になる――と。

ジンバリストは船上でもう演奏会のための燕尾服に着替えていた。ジンバリスト迎えの特別ランチが出され、下関ではなく門司に上陸させる。そして門鉄局長用自動車で博多へ。

会場では「ただいま何処を通過しました」とアナウンス。その連絡は鉄道電話で次々に入る。福岡市内に入り「ただいま千代町」とアナウンスされた。あと五分もすれば会場だ。と、聴衆は期せずして会場前に並んだ。もう夜の十時半。自動車が着いた。ジンバリストが車から体を現わした瞬間、聴衆からわぁっ！　と感激の大声が怒濤のように起こった。つぎの瞬間、ジンバリストを胴上げ。燕尾服はしわくちゃ。伴奏者のピアニストは忘れられた形でポカンとしていた。（そのせいか、この夜の伴奏者は終始不きげんだったという）

楽屋に入った彼は、火鉢の炭火に二、三十秒間手をかざし、呼吸をととのえてステージに現われた。さっき会場前で興奮した聴衆は行儀のいい紳士淑女に戻り、マス席（椅子席ではない）にすわって拍手で迎えた。

ブラームスのヴァイオリン・コンチェルトから演奏が始まった。この曲は九州大学の榊保三郎博士も得意でよく演奏していたから、福岡でも知っている人がかなりあった。それだけにジンバリストの腕のよさがよくわかった。

この夜、演奏会が終わったのは午後十二時を過ぎていた。この聴衆の帰宅のため、福岡市内の電車も、特別に走った――。よき時代の、よき演奏会のエピソードである。

「あんなに強烈に印象に残る演奏会はない。今後もあるまい……」。福岡の古い音楽ファンは今もよくあの冬の夜の、あの事件を語る。

このころ福岡の演奏会で使われたピアノは？　当時、世界的な一流品スタインウェイ・ピアノは福岡では県立高女と筑紫高女（現筑紫女学園）にしかなかった。県立高女は貸出し禁止とあって、筑紫高女のピアノを借りて演奏会に使った。いま、筑紫女学園には大事な記念として当時のピアノが保存されている。レビッキーなどのサインも記されている。

ジンバリストが福岡に来演、大きな〝事件〟となった大正十三年前後は外人演奏家の来日が活発化した時代だった。

大正七年には作曲家として有名なプロコフィエフが東京でピアノ独奏会を開き、自作の曲やショパンを聴かせている。九州には来ていない。

大正十二年五月にはヴァイオリンのクライスラーが来日、大陸に渡る途中、北九州市門司の稲荷座で演奏会を開いている。すでに五十歳近い、油ののりきったころのクライスラーで、博多からも随分多くのヴァイオリンファンが出かけた。

同じ年の秋にはヴァイオリンのハイフェッツ。福岡では大博劇場で独奏会を開いた。まだ二十歳をすぎたばかりの青年だった。

この間にまじって、日本人の音楽家もかなり九州に来演し始めている。福岡市が中心だったが、長崎・熊本・北九州あたりへもそれらの演奏家は足をのばし演奏会を開くようになってきた。

そのころ、つまり大正十年前後は、いわば日本に楽壇らしい楽壇がようやく確立されようとする時代であった。

ドイツ、アメリカ留学から帰国したばかりの山田耕筰が本格的管弦楽曲を作ってつぎつぎに発表、東京フィルハーモニー会などを指揮していた。声楽の三浦環は明治三十六年、東京音楽学校在学中に日本最初のオペラ「オルフェウス」(モンテベルディの五幕もの)の主役をつとめて翌年卒業、助教授、帝劇歌劇部をへて大正三年からヨーロッパに渡って、パリのオペラに出演(大正十二年)したりして日本で大変な話題になっていた。

大正十四年には革命的な〝文明〟が出現した。ラジオである。わが国のラジオ放送の歴史は大正十四年に始まる。前年設立された社団法人東京放送局が大正十四年三月、初の試験放送、二十二日から仮放送を開始した。当時の受信者は三千五百人にすぎなかった。七月には東京・芝・愛宕山に放送局の建物が完成、十二日から本放送スタート。受信者は仮放送のときの三千五百から一年後には二十万世帯以上。やはり珍しい文明の利器にはすぐとびつきやすい日本人である。戦後のテレビの普及、家庭電化製品の普及などの様子と相通じるものがあるようだ。

同年、大阪、名古屋の放送局も放送を始め、翌年、大正十五年八月に日本放送協会（NHK）発足となるわけ。九州で聞こえるわけもないが、東京・大阪ではラジオというものができた……という話題はたちまち全国に広まっていった。

このラジオは積極的に程度のかなり高い西洋音楽を流した。イタリアから来日したカーピ歌劇団の歌手の独唱、近衛秀麿が組織した近衛シンフォニー、あるいは大正十四年、日本交響楽協会を設立した山田耕筰の指揮によるオーケストラなど……。

このラジオから新しい洋楽ファンが生まれ、やがて新しい演奏家も育っていった。

# 第十一話　ラジオへの驚き喜び

九州でラジオが聞こえるようになったのは昭和に入ってからだ。

だが、東京でまだ仮放送中の大正十四年五月に、実験的に「無電放送大会」と銘打ったラジオ放送・受信が福岡市西公園で行われ、評判になった。福岡日日新聞社（西日本新聞社の前身）が主催したもので、放送所は天神の同社社長室。「数枚の毛布をもって密閉され、声の他にもるるを防いだ」と、その時の新聞。受信して聞くのは西公園の光雲神社前。新聞によれば「人の波は桜の盛時をしのぐ」ありさまで、電車通りから神社の石段の下まで長い列がつづき、人で埋まったそうだ。人々の関心のほどがうかがえる。そして「蓄音器よりずっとよく聞こえる」と驚き、喜び、耳を疑ったという。

一体、何がよく聞こえたのだろう。そのときのプログラムは？

九大の先生のエスペラント語演説がある。邦楽では、当時福岡で若いながらも秀れた腕で注目されていた琴の坂本勝子（現在の筑紫歌都子）の演奏、筑前琵琶、尺八、あるいは水茶屋検番お秀さんの「博多節」……。

洋楽畑もたくさんんだ。大名小学校児童の合唱、ピアノ独奏、また福岡でハンサムな名ヴァイオリニストと評判だった中井義雄（当時九州高女、西南学院の音楽教師）のヴァイオリン独奏「チゴイネルワイゼン」。これのピアノ伴奏は井上精三（西南学院出身・のちＮＨＫ福岡・放送部長）であった。

東邦電力（九電の前身）の広橋謙二のハーモニカ独奏も人気をよんだ。かれは修猷館から慶応に進み、ハーモニカソサエティーを作った人物。卒業後、故郷福岡に帰るや福岡ハーモニカソサエティーを創設、三十余人のメンバーで大正十年ごろから盛んに演奏会を開いて、すでに市民にもおなじみだった。

昭和三年六月。熊本に日本放送協会の中央放送局ができた。開局記念番組には佐世保海軍軍楽隊が熊本まで出かけて出演、ベートーヴェンの第九の終楽章（合唱なしで）を演奏した。指揮は熊本出身の内藤清五楽長。

同年九月、福岡―熊本間中継線が完成、福岡演奏所ができた。これが福岡放送局となったのは昭和五年十一月である。

大正の末、福岡に本拠をおいて活躍した日本成楽団オーケストラは昭和二年、福岡音楽協会というオーケストラに発展的解消をとげた。成楽団と西南学院オーケストラの弦部門の人たちの合同といえる二十七人位の編成だった。第一回演奏会は同年春、福岡市記念館で中井義雄指揮によって開かれている。プログラムの中心はベートーヴェンの第五。が、その年、三十歳を超したばかりの中井が腹膜炎で死亡。代わって毛屋平吉がこのオーケストラの指揮者となる。毛屋は当時、北九州のピカ一ともてはやされていた門鉄管弦楽団の指揮者でもあった。

成楽団の中心人物だった大橋利康はまたみずから練習場を作り、福岡音楽協会のために日夜奔走していた。島田英夫（のち修猷館の音楽教師。一時湯浅姓となり湯浅弦楽団を主宰したりして活躍。現在西日本文化サークルなどで教え、後進の育成に頑張っている）もこのメンバーの一人だった。

この福岡音楽協会の幹部が「市内の鉄工所にヴァイオリンのうまい青年がいる……」というううわさを聞いた。捜してやっと会い、メンバーにスカウトした。独学ながらなかなかうまい、とみんな驚いた。この青年が篠崎弘嗣だった。わが国で初めてヴァイオリン早教育研究会を創立、主宰し、その主張どおり幾多のすぐれた若いヴァイオリニストを生み出した篠崎の若い日であった。彼の愛娘・篠崎功子はその父の教育で幼いころからすばらしい注目のヴァイオリニストであった。

ちょうどＮＨＫの福岡放送局も誕生したとあって、このオーケストラはよく放送した。昭和四年には放送局側のキモ入りで福岡和洋合奏団が生まれている。福岡音楽協会のメンバーの一部と博多の券番のおねえさんの三味線、鳴りものを加えた十数人の編成だ。指揮は大橋利康。この合奏団も人気のマトになった。当時流行の「祇園小唄」「唐人お吉」など濃艶な歌謡のメロディーも盛んにやった。

そのころ、中央で、福岡市出身の若いソプラノ歌手が注目されていた。荻野綾子である。彼女は大名小学校、県立高女（現福岡中央高）をへて東京音楽学校を出た。女学校時代からその美声は有名で、九大フィル演奏会の独唱者として出演している。昭和四年五月、東京・日本青年館で独唱会。「昭和四年上半期における楽壇の最大の収穫」とさえ専門家筋に評されているが、ドイツリートのほか日本歌曲もよく歌い、極度に洗練された声、唱法が高く評価されていた。

彼女はその後渡欧、昭和七年一月にはパリでも歌っている。彼女は帰国後、太田姓となっていたが、昭和十九年、四十七歳で惜しまれて他界した。

昭和二年、中井義雄の突然の死についてはすでに触れた。そのころは福岡の楽壇がようやく確立されるころでもあっただけにいろいろのエピソードも多い。

その中井が死んだときの葬式は西公園の九州高女講堂での音楽葬だった。福岡では初めての音楽葬にちがいあるまい。その音楽葬には大阪のプリンセス・バンドという二十八人編成のスマートな人気バンドが参列、演奏した。ちょうど大濠公園で開催中の東亜勧業博覧会に出演のため西下していたのだが、もともと中井も大阪の楽器店の息子だったという。

プリンセス・バンドはショパンの「葬送」を演奏した。僧侶の読経では泣かなかった女学生たちが、ショパンとなるやわっと泣きはじめたという。

# 第十二話　鑑賞組織誕生

昭和初期になると、ますます多くの外人演奏家が来演している。ヴァイオリンのモギレフスキー（一八八五―一九五三）も来日そうそう福岡にやってきた。ロシア出身で、のち日本に落ち着き、東京音楽学校、国立音楽学校などで教え、諏訪根自子《すわねじこ》らを門下から出した大ヴァイオリニストである。ジンバリストもふたたび来ている。

このころ、特記されるのは福岡で音楽愛好者を会員にした鑑賞組織が誕生していることである。労音、音協、民音といった戦後の組織のはしりが早くも昭和の初め、五年ごろ、二つも出来た。一つは福岡音楽同好会。九大フィルの榊保三郎博士、越尾隆（福岡師範の音楽教師、ピアニスト）らが中心。もう一つは福岡音楽会。当時九大にいた西洋史の長寿吉教授やヴァイオリンの鈴木章（東京から毎月福岡にやってきて教えていた。そして福岡ヴァイオリン同好会というグループを主宰していた）らが中心。いずれも数百人の会員をもった、というから福岡にも音楽ファンの数はふえていたわけだ。

これらの組織は積極的に演奏家を招いて音楽会を開いている。ピアノのレオ・シロタ（永井進、園田高弘らがこの人の門下）やレビッキー、ヴァイオリンのヨゼフ・シゲッティー、国内のものでは鈴木章が東京で作っていた鈴木カルテットやベルトラメリー能子らが招かれて来演している。最も話題になったのはハンガリー生れのヴァイオリニスト・シゲッティーである。アメリカに住みはじめて間もない昭和七年の十一月二十一日のこと。会場は福岡市記念館。

時の新聞に、音楽ファンの一人として森部静武は「（最後まで）誰一人席を立つ者を見なかった。これは福岡における音楽会で初めて見たことで、ジンバリストのときも最後には数十人の人が席を立った…」と書いている。当時の会場はほとんど入口で靴や下駄をぬぎ預けて木札をもらう。出るときは木札を出してその番号の靴を受け取って…と、いまのホテルのクロークで、コートなどを預けるのと同じ方式。だから帰りぎわ、はきものをもらうのに混雑して時間がかかるとあって、最後の曲あたりになると、聴衆はなんとなく浮足たつのが普通だった。なのに、シゲッティーのときはそんな人がゼロだった――いかにいい演奏だったか、の何よりの証というわけだ。

さて、そのときのプログラム。コレルリの「ラ・フォリア」、バッハのソナタ・ト短調、ベートーヴェンのヴァイオリン協奏曲ニ長調の第一楽章などだった。

福岡音楽会はレコードコンサートもよく開いた。中洲の明治製菓（いまの大洋映劇の地）階上ホールがよく使われた。百人も入ればいっぱいになる場所だが、いつも満員に近かった。いまのように毎月いい演奏会が開かれるなんていう時代ではない。ファンはわずかにこんなレコードコンサートで渇をいやしていた。そしてインテリの仲間に入りたいゆえにのぞいたレコードコンサートがきっかけになって、本物の音楽愛好家になってしまった…という人もいた。

レコードといえば博多・土居町に「リズム」という音楽喫茶が生まれ、洋楽ファンのメッカにもなっていた。当時、最高級の電蓄（電気蓄音器）でクラシックレコードばかり聴かせていた。ここで育った洋楽ファンも多い。

もう一つ、レコードのことだが、当時、演奏会で最高の賛辞として流行したのが「レコードのような音だ」ということば。いまのようないい録音のレコードがあろうはずもないが、とにかく、レコードに近い音を出す人は数少ないすごい演奏家だったのだ。いま、レコードがナマの音にいかに忠実であろうか、と涙ぐましい努力を重ねている現実と思いあわせると、本当に時代のへだたりを感じさせられる。

しかし、この鑑賞組織も長くはつづかなかった。昭和八年で消えてしまった。満員の客を集めたとはいえ、大ホールがあるわけもなくその数は今から見ればタカが知れている。収益なんか残らないのが常識だった。その辺から経済的に消えざるを得ない条件が重なったのである。やっぱり熱意だけでは限界があったのだ。

一九一〇年（明治四十三年）―二〇年（大正九年）前後に形をなしたジャズ音楽も昭和初期、早くも九州に入っている。

昭和三年には博多の川丈興行のOKジャズバンドが生まれて九州各地を巡演している。二村定一の「アラビヤの唄」（堀内敬三詞＝砂漠に日が落ちて夜となるころ……）などジャズ調歌謡、ジャズ小唄が流行しだしたのがこのころである。ダンス、カフェも流行しだした。

熊本には昭和三年NHK中央放送局ができたせいか、かなりのジャズメンが集まっていた。ドラムの戸川要蔵、アコーディオンの阿波克己ら。それに日本の女声ジャズボーカルの草分けといわれる川端文子もしばらく熊本にいたという。熊本医科大学の学生もそんなジャズの支持者だった。

九州で初めて放送局専属の楽団、つまり放送管弦楽団が生まれたのはかなりおくれて昭和十六年、熊本である。一般から公募、テストで選考した。まず十二人の専属メンバーでスタートした。指揮は毛屋平吉。当時大阪放送管弦楽団のコンサートマスターをしていたのだが、すでに述べたとおり、かつては門鉄管弦楽団や福岡音楽協会オーケストラの指揮をした人物だった。もともとは海軍軍楽隊の出身である。

こうして採用された楽団員の待遇は破格で、一般放送局員の課長級あるいはそれを上回ったという。


ラジオといえば普及したとはいえ、まだ今日からみると少ない。昭和六年の九州でのラジオ普及台数は――。

福岡県六千九百、熊本県九千六百、大分県二千五百、長崎県二千三百、佐賀県千四百、鹿児島県千二百、宮崎県九百。

熊本の放送局ができて三年、福岡に放送局ができて一年、という時点でこの数字。計二万五千ばかりが九州のラジオであった。昭和五十年上期現在の九州のテレビ、ラジオを持つ世帯はそれぞれ約三百万世帯という数と比べるとまさに今昔の感である。新聞のラジオ番組欄も昭和三年六月――熊本放送局のスタートと同時に始まっている。

当時の福岡日日新聞にこんな文章も見える。

「熊本放送局では目下加入者の勧誘につとめ、九州各地で聴取器組立の講習会を開き大宣伝につとめ、一方、出演者の物色も学術方面は九州帝大はじめ熊本・長崎両医科大学から各専門・高等学校に依頼し、地方芸術の紹介の一方法として九州各地のかくれた芸人を物色して…」

昭和六年、九州に二万五千台のラジオの年は日本が初めての本格的発声映画「マダムと女房」（松竹）が作られた年でもある。フランス映画「パリの屋根の下」の主題歌も流行した。福岡県大川市出身の古賀政男作曲の「酒は涙か溜息か」「丘を越えて」も爆発的流行…。

でも、この昭和六年の九月十八日には柳条溝事件が中国東北部で起った。いわゆる満州事変へのきっかけである。これが昭和二十年八月までの長く暗い歳月への入口であることに気付く人は少なかった。

# 第十三話　桟敷で聴くハイフェッツ

福岡で二つの音楽鑑賞組織が競いあっていた昭和七年、福岡市内、今の電気ビルの裏手に福岡女子ピアノ学院というピアノ塾があった。主宰したのは松岡栄。熊本師範学校の音楽教師をしていた人だった。もちろん無類の音楽ファンで、同学院主催という名目で多くの音楽会を開いた。主として渡辺通四丁目の電車通りにあった仏教青年会館（戦後すぐ米軍のキャバレーになり、昭和二十二年火災で焼失）を会場に使った。ピアノのクロイツァー、笈田光吉《おいだこうきち》（ドイツ帰りのピアニスト）、モギレフスキー（ヴァイオリン）、フォイヤーマン（チエロ）、ティボー（ヴァイオリン）、エルマン（ヴァイオリン）など国際的演奏家を福岡に招いて演奏会を開いている。

昭和十二年五月には三浦環をプリマドンナとするオペラ「マダム　バタフライ」を中洲の九州劇場で上演している。三浦のほか永田絃次郎、下八川圭祐ら当時のそうそうたる歌手が出演しているから大変な舞台だった。藤原義江の独唱会も開いている。

九州に外人のオーケストラが初めて来演したのは昭和十四年三月のハルピン交響管弦楽団だが、これも松岡が主催したものだ。ハルピン響は福岡のほか長崎でも演奏会を開いているが、とにかく外人（ほとんど白系ロシア人だった）ばかり四十余人の本格的オーケストラとあって人気を集めた。これだけのオーケストラのアンサンブルに聴衆は舌を巻いたらしい。

このような外人演奏家が福岡、長崎に来たというのは上海に行く船が長崎から出るので、上海に渡る途中、というせいもあったが、これほどの演奏会が開ける程度の鑑賞層が九州に福岡を中心として育っていたというわけでもある。

昭和初期の演奏会のプログラムには「男子はハカマ着用のこと」と書かれているものが多い。気楽に着流しで入れるものではなかった。それくらい音楽会というものは厳しい格式をもっていた。

九州劇場がタタミ敷きのサジキだったことはすでにふれたが、ハイフェッツがヴァイオリン独奏会を開いた大博劇場も同じだった。ハイフェッツは東洋の演奏旅行について書いた中で、この福岡の演奏会にふれ「ハコの中にすわってじっと聴き入るキモノ姿の日本人」にびっくりしたと書いている。桟敷が箱に見えたのだろう。さきに述べたジンバリストも三浦環のオペラもみんな桟敷で聴いたわけだ。

そのころ、福岡女学院の音楽教師に辻輝子がいた。のち山田耕筰夫人になったソプラノである。彼女は佐賀県有田の出身。長崎の活水の音楽科を出て昭和三年から十三年まで（ただし昭和五年—九年は東京に遊学）福岡女学院に勤めた。

この女学院で辻の教えを受けた生徒からソプラノの三宅春恵（当時豊田）や栗本尊子、そして今も福岡で後進の教育に、また演奏家として活躍中のピアニスト佐藤博子らがいる。

三宅春恵は当時九大の英文学教授豊田実の娘だったが、豊田教授の夫人・豊田種子のことも忘れてはならない。この人は東京音楽学校を出たアルト歌手。ドイツ、イタリアにも留学して日本の代表的アルトとうたわれた人だった。もちろん福岡でもときどき歌い、九大フィルの演奏旅行に同行、独唱したこともあった。

全国の音楽教師の団体・日本教育音楽協会が主催する全国児童唱歌コンクールが昭和七年から始まっているが、その第四回（昭和十年）と翌年、二年連続して熊本市碩台（せきだい）小学校が男児の部で優勝している。同校の音楽教師は小崎東紅だった。

そのころ福岡に明星合唱団（間もなくコーロステロラと改称）とライラック合唱団が生まれた。コーロステロラは九大の学生が中心で学外の女性も加わり三十人ぐらいの混声合唱団。九大の豊田実教授が生みの親。当時香椎高女（現在香椎高校）の音楽教師・山手勝二が指揮した。
昭和十四年十二月誕生のライラック合唱団は当時西南学院の学生だった松本省一が中心になり同好男女二十余人でスタートした。当初は福岡ゲミッシュテンコールと称し、翌年一月ライラックと改称、やがてメンバーは六十人ぐらいにふくれ、ラジオ放送、定期演奏会と活躍した。九州における大編成混声合唱の草分けである。戦時中英語追放で福岡合唱団と名乗ったが、戦後またライラックに戻り今日までつづいている。当初からの松本省一がやはり中心で、三十六年間ずっと指揮を続けているという点は特筆されよう。また昭和二十二年以来筑紫女学園の音楽教師（現在筑紫女学園短大教授）の新開香恵子が昭和二十三年以来二十数年間ずっとこの合唱団のピアノを受け持ち、松本を助けていることも同時に記しておかねばならない。

戦後、昭和三十年前後〝合唱福岡〟の黄金時代といわれたことがあるが、その芽は今述べた昭和十四年前後にすでにまかれたわけである。

# 第十四話　苦しい時代にも

太平洋戦争は日本の楽壇、九州の楽壇にある意味の空白時代を作った。あるのは軍国調の歌謡と軍歌だけ。音楽家たちは軍需工場や傷兵たちの慰問にかり出されて〝戦意〟を盛り上げることに奉仕させられた。

わずかに開かれた音楽会も戦時色濃く、敵国の曲は一切ダメ。プログラムには「警報（空襲の）発令の場合は△日に延期」といった文句がちゃんと印刷されている。演奏曲目の事前のチェック（警察による）も厳しかった。黒人霊歌を予定したところ、果たして、

「黒人とはどこの黒人か?」と質問。とっさに「アフリカです」と答えたところ、「アフリカならよかろう。アメリカの黒人ならいかんがなぁ」という寛大?な判定があった。こんな笑い話的なエピソードもある。

そんな時代にも福岡には、女子師範の教諭高鍋暁夫(のち修猷館でも教えた)が同校出身者を中心に組織していたあかつき合唱団も生まれた。昭和十八年には福岡放送合唱団も生まれた。あかつき合唱団では同付属小学校の教師・谷しのぶが花形ソプラノ。懐かしい…と目を細めるオールドファンもまだ多い。放送合唱団には米倉美枝(RKB女声合唱団指揮者)や安田ヤス(福岡教育大助教授)など若い本格派がメンバーでいた。指揮は昭和十六年東京音楽学校を卒業して、すぐ福岡師範の音楽教師となってきていた森脇憲三(福岡教育大教授)である。

この森脇は広島の出身だが、以来福岡に落ち着き、後進の指導、作曲活動、合唱指導と福岡の地に大きな功績を残している。大分の県民オペラ「吉四六《きっちょむ》昇天」が注目を集めているが、昭和三十一年から三十三年にかけ、森脇は「おさと六助」「女の城」など創作オペラを発表、郷土色豊かに博多弁もオペラの中に使っている。

森脇は福岡交声会という合唱団を作った。戦後すぐの昭和二十二年である。その前、二十一年にはライラック合唱団もすでに戦後の立ち直りをみせて活躍を始めていた。二十三年には九大コーロステロラも復活した。その二十三年には石丸寛（中央で指揮者）がフィルハーモニックソサエティーとしゃれた名の合唱団を創設した。戦争さ中に生まれた放送合唱団も健在で二十一年六月には第一回公開演奏会を開き、ハイドンのオラトリオ「四季」を歌っている。戦後間もないというのにまさに多彩な合唱団の乱立であった。

二十四年十二月には福岡歌劇研究会が生まれ「セビリアの理髪師」も上演している。東京藝大を中退して帰福していた西南出身の福永陽一郎が森脇らと語らい、当時福岡にいた音楽の先生たちを集めて意欲をもやしたわけである。

乱立の合唱界で、本格的ないいものを作るためには統合を――という声がやがて出てきたのは当然の帰結である。かくて生まれたのが森脇の福岡合唱団と石丸の福岡合唱協会。協会には荒谷俊治（名古屋フィル常任指揮者）と彼の夫人もいた。この二つの大合唱団の併立の時代が続き、昭和三十年前後の黄金時代となる。ライラック合唱団はこの対立の外で、あくまで我が道を歩き続ける。福岡合唱団、福岡合唱協会は二十九年から三十二年にかけてそれぞれ二回、東京での演奏会を開いて成功させている。いま、この両合唱団にそのころの活躍が見られないのは残念である。

森脇の創作オペラについてはちょっと触れたが、それよりも早く昭和二十六年宮崎市では日向伝説をオペラ化した「桜子物語」、次いで「鶴富姫」を発表している。かつて大正元年から十年ばかり宮崎第一高女に音楽教師として勤め、大連に渡っていた園山民平が引き揚げて再び宮崎に居を定め、かつての教え子や宮崎の音楽教師たちを集めて作った宮崎歌劇協会によるものだった。オーケストラはやはり園山が昭和二十三年創設した宮崎管弦楽団だった。

園山は日向民謡の採譜にも熱心だった。自ら県内各地を歩き回った。九十八曲まで採譜したところで、昭和三十年一月、あと三曲の採譜を息子に遺言して死去した。その遺言は彼の次男（長男は戦死）園山謙二（武蔵野音大卒）によって実現、昭和三十二年「日向民謡一〇一曲集」として上梓された。

あの戦後の荒廃の中、食べるものに事欠いたあの時代に、九州の一角、宮崎にこれほど音楽を愛し、音楽に身を挺した人がいたこと、これほどの音楽の花を咲かせたことは九州の音楽の歴史の上にすばらしい輝きを放っているといえよう。

最近、九州のオペラはかつてない盛り上がりを見せている。大分県民オペラの「吉四六昇天」の東京公演（昭和五十年一月二十六日）をはじめ、昭和二十八年創設の西日本オペラ協会（福岡）や鹿児島オペラ協会、さらに佐賀県民オペラなどそれぞれ活発に動き、昭和五十年の九州沖縄芸術祭では初の九州オペラフェスティバルとして交流公演も実現するまでになったが、突然、活発になったわけではなく、先人たちの長い間の努力が開花したというべきだろう。

## 第十五話　音楽復興

戦後の音楽復興は外来演奏家によって拍車がかけられた。

戦後九州への初の外来演奏家としてファンを湧かせたのはピアノのラザール・レビイだ。昭和二十五年十一月、会場は福岡市平尾の丘の下にあった福岡女学院の講堂。椅子は木の長椅子。靴を脱いで抱えていかねばならなかった。それでも久しく本物に接しえなかったファンは争って入場した。何しろパリのコンセルバトワールのピアノの主任教授である。

日本の原智恵子（のちにチェロのガスパール・カサドと結婚）や安川（旧姓草間）加寿子ら

有名なピアニストの恩師でもある。ファンの渇をいやすに足る大物だった。

ついで翌年にはヴァイオリンの名手メニューヒンが来て九大医学部講堂で……。収容しきれないファンは会場の窓や入り口から洩れるかすかな音に耳をそばだて、いつまでもあきらめて去ろうとしなかった。

そのレビイは二十八年十一月にも福岡にきたが、このときは電気ホールがすでにできていた。（昭和二十七年四月開館。コケラ落しは近衛秀麿指揮・近衛管弦楽団）

これらの外来陣より前に日本人の一流どころはどんどん福岡にやってきていた。

昭和二十一年にはピアノの原智恵子も来演して本場仕込みのショパンを聴かせた。昭和二十二年には西鉄文化会なるものが生まれ、ヴァイオリンの諏訪根自子を皮切りに多彩な演奏家を福岡に招いている。辻久子、三宅春恵、さらに日本交響楽団（N響の前身）、東京フィルも招いて演奏会を開いた。まだ混乱期、宿も食べ物も不自由、乗り物も思うに任せぬ時代に大所帯のオーケストラを、よくもまあ、と感心させられる。この西鉄文化会が戦後の落ち着かぬ二十二年から数年間、福岡で果たした役割の大きさははかり知れないものがある。戦後の福岡の楽壇に一粒の種をまいた功績は忘れてはならない。この西鉄文化会で音楽部門を担当したのが西鉄社員だった森部静武（九州交響楽団常務理事）である。この会は昭和二十九年、労音など会員制鑑賞組織が生まれる時代に入ると消えてしまった。

ほかに福岡音楽協会（ライラック合唱団の松本省一ら）福岡音楽同好会（九大生が中心）なども戦後間もなく生まれ、二十二年—三年に幾つかの音楽会を主催している。久留米にも音楽協会、音楽愛好会が生まれていた。

地元の演奏家の復興も早かった。

ピアノの佐藤博子（昭和十六年東京音楽学校卒。福岡音楽学校校長）は早くも昭和二十年十一月に西南学院講堂で演奏会を開き、二十一、二年には九州各地に演奏旅行を重ねている。平野春逸（福岡大学教授・医博）や森脇憲三らが同行、解説者をつとめたこともあった。この佐藤博子の福岡（いな九州中）における功績も特筆されねばなるまい。その門下から出た顔ぶれもすごい。原田吉雄、岡村梨影、藤村佑子、井上直幸、片山敬子、中村順子などなど数えあげるとキリがないほど。ジャズピアノでならし、作曲でもいい仕事をやってきた中村八大（久留米市出身）も明善高時代、佐藤にピアノを教わっている。

こう見てくると、敗戦後の虚脱の中に、音楽の復興はまことに早く、積極的だった。さあ、われわれの時代が来た、という自信と意欲に裏付けられていた。

それを物語るようなエピソードだが、戦後の福岡で、文化芸術分野の人のうち最も早く家を建てたのは音楽家だったという話がある。家を焼かれ、金も食べ物も衣類も乏しいのはみんな同じだった。その中で音楽家たちは相次いで家を建てた。当時のＮＨＫの放送局長あたりが随分、彼らの新築費用借金の保証人になったとか……。これは裏返せば音楽家たちの自信の現われでもあったろう。

昭和二十七年初夏、西日本交響楽団というオーケストラが福岡にあって、ちゃんと演奏会を開いたのは意外と知られていない。昭和五十年春にも、福岡交響楽団という幻のオーケストラがあった（九州交響楽団が改称を内定、福岡交響楽団演奏会としてＰＲ、キップも売り出したが、ドタン場で改称を取りやめ、九州交響楽団のままにした）が、この西日本のほうはちゃんと演奏会を開いている。前述の石丸寛、森部静武らが福岡にも本格的なオーケストラを作ることはできないか、ということで、まず放送局の専属メンバーやアマチュアを集めてこんな名のオーケストラをとにかく誕生させたわけ（正式発足前、福岡交響楽団と称したこともあった）。そのハタあげは山田和男を指揮者、永井進をピアノ独奏者に招いた。まずまず、これならテスト成功、と見て昭和二十八年十月九州交響楽団の正式な誕生となった。初演奏会は昭和二十八年十月三十一日。電気ホールである。石丸寛指揮、鈴木秀太郎のヴァイオリン独奏。モーツァルトのヴァイオリン協奏曲第五番、ドヴォルザークの「新世界」などがプログラムだった。

その九響ももう二十二年間の歩みを重ねてきた。昭和四十八年からプロ化を段階的に進め、昭和五十年夏現在専属（つまりプロ）二十人、ほかの一般団員七十人という大所帯だ。昭和四十四年以来、国（文化庁）、福岡県や福岡市の補助も受けるようになって演奏活動のエリアも九州一円から中国・四国地方にもおよぶ。さらに昭和五十年三月財団法人となった。二十年という歳月は九響の歩みを眺めただけでも長い。現在の九響、理事長は橋本武（かつての九大フィルのメンバー）常任指揮者は東京の森正、福岡の安永武一郎（福岡教育大教授）コンサートマスターは岸部百百雄、西村新太郎、松浦一郎。

九州交響楽団が生まれるころ「大衆に安く、よい音楽を」「真にみんなが希望する音楽会を」の声が音楽愛好家の間から自然発生的に出てきたのは当然であった。すでに昭和二十四年、大阪に労音が生まれ、着々と実績を上げ成功していることも伝わってきている。

そんな背景で昭和二十九年夏、福岡勤労者音楽協議会（福岡労音）と福岡市音楽愛好会（福音）が相前後して創立された。

労音は、九大教授（民法）青山道夫をトップに今井克典が事務局長。初例会は同年九月三、四日九州大学医学部講堂で辻久子ヴァイオリン独奏会。

福音は博多鉄道構内営業の社長・末永直行が会長になり、初例会として八月一日井口基成ピアノ独奏会を電気ホールで開いた。

こうして労音・福音二大会員制鑑賞組織の併立時代が続くわけだが、一般の愛好家にとっては願ってもない時代である。両方の組織にのってつぎつぎに内外の有名演奏家が来演した。

労音は福岡を九州のトップに、同じ二十九年鹿児島に、三十年には北九州、熊本、中津、三十一年には田川、飯塚、宮崎など九州各地にも生まれ、多彩な音楽の創造、鑑賞に活発な動きを始めていく。

一方、福岡市音楽愛好会はその後生まれた組織・音協（音楽文化協会）の系列に入り昭和三十九年福岡音楽文化協会と改称、同じ系列の各地の団体と協力しつつ演奏会を続けていく。そして民音（民主音楽協会）も生まれ、昭和四十年代の福岡は三つの会員制音楽鑑賞団体の時代となる。

それらの団体による演奏会、放送、新聞社主催の内外の人の音楽会、地元演奏家のリサイタル、あるいは中央勢主催のもの。福岡、われわれのふるさとに音楽の香り高い大きい花があいついで開く。その花を咲かせる土地には先人先輩たちの尊い汗がしみている。

# 終わりに

九州という明確な視点をもった総合的な音楽史を――これは私のかねてからの念願でした。邦楽、洋楽を問わず九州には尽きない音楽史資料があります。散逸の不安も大いにあります。だから何とかこれらの史資料を集成整理して…と考えるのですが、この作業は大変なことです。私のライフワークになりそうです。まだまだ長い歳月を要しそうです。その序論的なもの、概説的なものを書かないかと、福岡労音の今井事務局長から話があったとき、私にとって一つの里程標《りていひょう》のような意味にもなるのでは、と引き受けました。でも、そう簡単な仕事ではありませんでした。本来の新聞社の仕事の休日を利用しての仕事はそう楽なものではありませんでした。幸い十五年も前、新聞に連載した資料が多少ありましたが、今から見れば不備だらけで、新しく追加取材したり、調べ直したり。意外と時間を食って今井事務局長あたりに随分迷惑をかけてしまいました。あらためておわびいたします。

われわれのふるさと、九州の音楽史の概説的なもの、といってもこれは通史ではありません。まだ、通史を概説するだけの史資料が完備したわけでもなく、また限られた枚数で略史的なものでは余りおもしろいものになりそうもありません。

そんなわけで、長い歴史の流れの中からおもしろい幾つかの点をひろってお話しするようなことにしました。

とはいいながら、おぼろげにでも九州の音楽の流れ、また日本の音楽史、海外の音楽史のアウトラインに近いものがわかってもらえるように、と配慮したつもりです。

これを読んでいただいて、少しでも音楽史に興味を抱かれる方があれば幸甚です。そんな方はどうか先輩諸氏の労作である音楽史の専門書などに取り組んでいただきたいと思います。

それにしても、日本の音楽史の上で九州がいかに先駆的役割を果たしたか、また、いかに優れた音楽人を生み育てたか、私のつたない文章の間から読み取ってほしいものです。最近でもそうです。中央で活躍する楽壇人に九州の人がどんなに多いか、みなさんよくご存じのとおりです。若い人にも九州からすばらしい人があいついでいます。ピアノの藤村佑子、井上直幸、ヴァイオリンの安永徹、作曲の三村恵章、福岡市内出身だけを考えてもたくさんいます。

九州には音楽の風土がないとする論も強いようです。なるほどそうだ、と思わせる現実も多いようです。でも、私は九州の音楽の流れをたどり、九州の音楽家をたどっていくと九州の音楽風土を信じます。そして、私どもがこのふるさとの音楽風土をより豊かにしたいものだ、と切実に感じます。

そのために、私どもはどうすればいいのか、みなさんと一緒に考えていきたいと思います。

文中、多くの方のお名前を出しましたが、敬称を略させてもらいました。ご寛容ください。

# 義父の文章にふれて

木村鈴代

「ふるさとの音楽史散歩」（一九七五年九月刊行）を最後までお読みいただき、ありがとうございます。義父（木村茂）が、福岡労音の依頼で九州・福岡の音楽の歴史を調べ、このような形で書き残していたこと、そして、福岡が音楽文化を取り入れるのがこんなにも早かったことなど、全く知りませんでした。今回、青沼さんから、この著述を何らかの形でぜひ残したいというお話をいただいた折りに、初めてこの存在を知り、読ませてもらった次第です。義父の著述も福岡の音楽史も知らないまま人生を終わりかねなかったかと思

う と感謝しかございません。また、義父も青沼さんのご厚情・ご高配に深謝いたしているに違いありません。

私と青沼さんとのお付き合いは、福岡青年音楽家協会に昭和五十二年に入会してからになります。緑のコンサートには第十一回から出演させていただきました。その後、木村に嫁いでからもコンサートには参加していましたが、回を重ねるうちに、短期大学専任の仕事との関係から、みんなで作りあげていくコンサートの裏方としてのお手伝いが全くできなくなってきたことが、会のみなさんに申し訳なく思うようになり、第二十五回を最後に退会させていただくという決断をいたしました。それとともに青沼さんとお会いする機会が徐々に減っていきましたが、このたびは義父の著述であることから、この「あとがき」執筆をお引き受けすることにいたしました。

義父との出会いは、青沼さんと出会う少し前で、私が東京藝術大学を卒業してすぐの昭和五十一年六月、第二十一回西日本出身者新人紹介演奏会に出場したときでした。運よく受賞し、そしてその音楽評論を翌日の西日本新聞に書いて下さったのが義父でありました。七人の審査員の中のおひとりであったのを後で知ることになりました。私の歌に対しましては、手厳しい辛口の批評であったことを今でも覚えています。このご縁から、その後は九州交響楽団との協演や海外留学などの相談に乗っていただいたりしていましたが、義父から、また、さらに、幼少期にバレエを習っていた原トミ子先生からも紹介があって主人と結婚することになりました。

木村茂　美味しい食事を前に、スイスにて

　義父は、大正十三年八月四日、現福岡市中央区赤坂で生まれ、現修猷館高校、現東京外国語大学（仏語科）、兵役、帰福後、西日本新聞社入社、そして、文化部一筋に東京支社勤務、その後本社文化部長、そして、福岡文化連盟創設に助力し、事務局長として出向していました。

嫁いだ翌年でした。残念なことに、義父が定年退職を前にして倒れ、他界してしまいました。どうして音楽に興味を持たれたの？　退職後の夢は？　など、お話したいことが山のようにありましたのに何も聞けずじまいでした。木村の実家には床から天井までの壁一面に千枚以上あろうかと思われるレコードがありましたので、それを聞いて勉強されていたのかな？　と勝手に想像したりもしていました。

2020同声会コンサートプログラムより

新婚旅行から帰ってすぐに、義父が「男三人兄弟の色気も何もない殺風景な木村家によく来てくれたね」と嬉しそうに話してくださった言葉が今も心に残っています。本当にいつも穏やかで、笑顔を見せてくださるとこちらまでホッとする、そんな義父でした。娘として孝行できる時間が少なかったことが今も心残りです。

最後になりましたが、義父の貴重な著述を眠らせてはいけないとの思いから本企画を思い立ってくださった青沼さんに、改めて、お礼を申し上げますとともに末永いご健勝を祈念し、「あとがき」とさせていただきます。ありがとうございました。

資料編

# ふるさとの町・音楽模様

編集・青沼　謙一

# 一九五四年・福岡音楽風景

今から七十年ほど前、一九五四年（昭和二十九年）ごろの福岡の町は、今のように高層ビルが立ち並ぶ街並みとは大分様子が違っていました。

思えばその九年前、太平洋戦争の敗色も濃くなった一九四五年六月十九日深夜の大空襲によって、一面焼け跡と化した町の中心部は、まだ本格的な復興を見ることもなく、その痛ましい傷跡を町のあちらこちらに残していました。

天神町かいわいを見ても、福岡ビルは木造モルタル二階建ての中央郵便局であったし、天神ビルも戦前からの建物で、大きなビルは数えるほどしかなく、戦後の粗末な資材でつくられた木造モルタル塗りの建物や、戦災を免れた古い商家が会社の事務所などに使われていました。

戦後、日本は「軍国主義から民主主義へ」と大きな転換がもたらされ、「平和な文化国家の建設」を合言葉にして、国民の文化的欲求が非常な高まりを見せ、福岡の町にもさまざまな文化的胎動がみられるようになりましたが、音楽の分野でもその中から幾つかの動きが生まれていました。

## 西鉄文化会・電気ホール・合唱王国

音楽鑑賞の側からは、西鉄文化会の活動があげられます。これは西日本鉄道が戦後の荒廃した人心に、音楽によって潤いをもたらそうという趣旨から、一九四七年につくられたもので九州交響楽団常務理事の森部静武さんが中心になって、岩田屋の中に一室をもうけ、次々と音楽会の企画を進めていました。

ここで行われた主な音楽会をあげますと、諏訪根自子（ヴァイオリン）日本交響楽団（N響の前身）東京フィルハーモニー、辻久子（ヴァイオリン）三宅春恵（ソプラノ）原智恵子（ピアノ）などがあります。

これらの音楽会は、本格的な音楽会場がなかったので、九大医学部講堂、福岡女学院（南薬院）、国際劇場（千代町）など、学校の講堂や映画館を使っていました。

一九五二年になると、九州電力の本社ビルとして電気ビルが建設され、同時に電気ホールが開設されます。これも九州電力が地元の文化活動の振興のためにつくったもので、西鉄文化会といい、電気ホールといい、当時、地元の有力会社がこのような文化活動に目を向けていたことは注目されてよいことでしょう。

この本格的な音楽ホールの出現によって、福岡の音楽事情は一変します。それまで福岡を素通りすることの多かった海外の一流演奏家の音楽会が、ここで開かれるようになり、また新聞社、放送局も音楽会の主催を積極的に行うようになります。このような音楽事情の変化を受けて、翌一九五三年には西鉄文化会は一応の使命を終えて、その活動を閉じることになります。

この西鉄文化会が企画した音楽会は、回数もそう多くはなく、入場料も若い勤労者にとっては、かなりの負担でしたが、これによって音楽への目を開かれた若い人たちによる鑑賞組織誕生の一つの芽がここから育てられたといってもよいでしょう。

次に、音楽活動の面であげられるのは、合唱活動の興隆です。一般の合唱団としては、福岡合唱協会（指導・石丸寛）福岡合唱団（森脇憲三）ライラック合唱団（松本省一）が水準の高い演奏活動を行っていました。

職場の合唱団も盛んに活動をし、また西南学院大学グリークラブを筆頭に、大学、高校でもほとんどが合唱団をもち、米倉美枝さんの指導による中央高校や福岡女学院合唱団が全国で優勝するなど、福岡は合唱王国とまで言われるようになっていました。

勤労者の新しい音楽運動としてのうたごえ運動も、福岡では一九五三年ごろから活動を始めています。

また福岡で最も大衆的な文化団体として、福岡映画協会があり当時の娯楽の王座を占めていた映画の鑑賞を中心にして、新劇の公演も年に一、二回行っていました。

これらの活動が相互に関連しながら音楽鑑賞団体の誕生という次のステージに向けて進んでいきます。


（福岡労音二十年史『音楽の緑を』より抜粋）

# 会員制音楽鑑賞団体の発足

開会のことば　　　福岡労音委員長　　青山道夫

今回、多数の会員の方々の熱心な協力を得て、福岡の地に福岡勤労者音楽協議会が結成されるに至ったことは、私の心からよろこびとするところである。

もう大正の末期になるが、私の学生時代、すぐれた音楽の理解者である今の最高裁長官（当時はわれわれの恩師だった）田中耕太郎博士が語られた、次のようなことばが、いましみじみと思い出される。

それは、ベートーヴェンの力強いソナタが、いつの日か、わが国でも、令嬢の白魚のような指からではなく、労働者のたくましい手によって、弾かれることを期待する、といったような意味であった。

その当時からすでに幾星霜、日本の社会は敗戦というような、かつてなかった悲惨を経験しながらも、西洋音楽の受容と理解とは、当時に比べ比較にならないほどの発展を示した。

そして、かつては一部の特権階級の娯楽にすぎなかったものが、今日においては、多くの国民の精神の糧として、欠くべからざるものにまでなっているのである。田中教授のことばが決して夢ではない時代が、いまやわれわれの目のまえに来つつあるのである。

しかし、現実の問題として、われわれ勤労者が多くの希望をもちながらも、社会的にも経済的にも悪条件が重なるのであってはよき音楽に親しむことはなかなか困難である。われわれに保障される自由も、これを裏づける社会的条件がなければ、これをかちとることはできがたい。

その意味で、われわれは演奏会用のよきホール、良心ある演奏家の出現をぜひ欲するが、そのわれわれ働く者の多数が団結して、この会を結成したことは、一つの前進として大きな意義をもつものということができるであろう。

われわれは、これによって、少なくともこれまでは高い入場料金のために接することが難しかったよい演奏会を、われわれ自身の手で、自主的にもつことができようとしているからである。

音楽こそは、いうまでもなく人間の心を高め、きよめる、人間の生んだ最も高き文化の一つである。

ベートーヴェンが座右の言葉としたと伝えられる、カントの有名な「われわれの内なる道徳律と、われらの上なる星辰の輝く空！」のことばから受ける我々の感動は、また高き音楽から受ける感激にも通ずると、私はいつも思っている。

われわれは、どのような時代になっても、精神の低俗化、卑劣さを避けよう。そして精神の高貴な自由を常に求めていこう。

私は、われわれのこの会が、高きりっぱな音楽を通じて、このような意味でも大きな役割を十分期待したいのである。

（九州大学教授）

## 福音と労音の発足を伝える新聞（一九五四年八月一日）

福岡市音楽愛好会（略称・福音）は、一日井口基成氏のピアノリサイタルで正式に発会。会員も約千五百名に達し前途も明るい。

会員制音楽会は、東京、大阪はじめ、全国的に盛んで、ファンの支持が相当高いことを示しているが、さきに福岡勤労者音楽協議会（略称・労音）も「福音」と相前後して、結成を進めたものの双方考え方に差があり、ファンも一時はとまどった。

このため、両者の間に一本化交渉がつづけられてきたが、結局、誤解をとき合い、今後双方の主催する音楽会には協力し合うこと。一本化も成り行きによって、実現させることなどの意見が、このほどまとまった。

「労音」としては、なお「福音」との合併までは距離があるので、八月四日の代表者会議で正式に発足、九月から音楽会を開くよう準備している。(毎日新聞)

福岡労音発足当初の音楽会(一九五四〜)(会費百円　毎月二ステージ開催した)

| | |
|---|---|
| 辻　久子ヴァイオリンリサイタル　P松井康裕 | 九州大学 |
| 野辺地勝久ピアノリサイタル | 同 |
| 橘　常定チェロリサイタル　P松隈陽子 | 西南学院 |
| 福岡合唱協会　指揮・石丸寛　ソプラノ・三宅春恵 | 同 |
| モーリス・クレアヴァイオリンリサイタル　Pマクスティ | 九州大学 |
| 鈴木秀太郎ヴァイオリンリサイタル　P高橋従子 | 西南学院 |
| 安川加寿子ピアノリサイタル | 同 |

# 年に一度はオペラを

一九五四年九月に発足した福岡労音はピアノ、ヴァイオリン、声楽などのリサイタルを中心にプログラムを組んでいきました。発足早々で経費に余裕がなかったことと電気ホールが使えなかったという事情がありましたが、これが徐々に改善され、会員も着実にふえてくるにつれて、オーケストラ・バレエ・オペラといった華やかなステージを望む会員の声が徐々に高まってきました。とくに九州は伝統的に声楽が盛んだった土地柄もあって、オペラへの希望が多く出てくるようになり、発足三年目にして、実験的に二期会公演・モーツァルト「フィガロの結婚」(一ステージ)を企画しました。

この結果は会員には喜ばれ、経営的には厳しいけど、なんとか合格点がとれたということで、一九五八年からは「年に一度はオペラ」の企画に踏み切ることができました。

当時の古典的舞台づくりのなかで展開される「カルメン」や「蝶々夫人」等の場面を思い起こしながら出演者の一覧表を並べてみました。(〇印は九州交響楽団演奏)

フィガロの結婚　二期会
カルメン　二期会　川崎静子　栗本尊子　柴田睦陸　立川澄人
椿　姫　二期会　柴田喜代子　伊藤京子　渡辺高之助　石井昭彦
夕　鶴　三宅春恵　伊藤京子　宮本　正　佐々木行綱
セビリアの理髪師　二期会　森　敏孝　畑中良輔　滝沢三重子　立川澄人
トスカ　藤原歌劇団　戸田政子　砂原美智子　宮本　正
椿　姫　二期会　中沢　桂　蔵田美津子　栗林義信　宮原卓也

山城国一揆　高橋大海　細田美千代　大木玲子　天野皓朗
蝶々夫人　二期会　中沢　桂　石光幸子　下野　昇　栗林義信
カルメン　藤原歌劇団　緒方瑠璃恵　高田作造　今井倭子　田島好一
トスカ　藤原歌劇団　砂原美智子　五十嵐喜芳　栗林義信　清水義人
椿　姫　二期会　中沢　桂　森　敏孝　栗林義信　益田はるみ
フィガロの結婚　二期会　平野忠彦　平田恭子　大橋国一　伊藤京子○
トスカ　成田絵智子　五十嵐喜芳　田島好一　横田浩和○
フィデリオ　成田絵智子　大川隆子　丹羽勝海　栗林義信○

## 緑のコンサート誕生

一九七六年秋、南区長住在住のフルート奏者・宋美佐子さんの実家に音大を卒業し、福岡に帰って間もない数人の若きアーティストが集まって自分たちの演奏活動を始めようと声を上げました。

当時は全国的に音楽鑑賞団体がつくられてクラシック・ポピュラーを問わず多くのコンサートが開かれていました。その一つ「福岡労音」の一会員として、私も毎月の音楽会を楽しみに参加していました。当時、県庁勤めの公務員でしたが、回を重ねるうちにボラン

緑のコンサートのメンバー

ティア・スタッフとしてこのコンサート活動に参加するようになり、特にプログラムなど印刷物の作成を多く担当していました。
実は私も同じ長住の住人で、宗さんのお家の近所ということもあってこの席に呼ばれ、いろいろ話に加わっているうちに、これから始めようとするコンサートの裏方の役を依頼されました。いつか若い世代のコンサートのお手伝いをしたいと思っていたので、喜んでお引き受けした思い出があります。

明けて一九七七年一月、市立婦人会館（現在・あいれふホール）の和室で旗揚げの会を開き、四月八日に第一回のコンサートを博多駅前の日本楽器九州支店地階ヤマハスタジオで開催することを決めました。早速その場で出演者・曲目・演奏順を決め印刷物の作成準備に取りかかりました。

最初の会員には音大卒の十八名が参加、全員が二十代でした。指導者は置かずに会員による自主運営とする。「代表」は福岡市民オーケストラ指揮者の山本成宏、事務担当は青沼謙一。後には「企画委員会」を設置して運営体制を整えました。

このころテレビでは「青年法律家」とか「青年医師」などが花形職業として活躍をしていました。また世界政治の分野ではヨーロッパを中心に「緑の党」が生まれ、地球環境の破壊に警鐘を与えていました。そんな雰囲気の中から「青年音楽家協会」とか「緑のコンサート」と命名されたのでしょう。このネーミングから新しい時代にチャレンジしようという息吹を感じとっていただければ幸いです。

第一回のコンサートは百名ほどの入場者で無事終了しました。ビルの地階の小さなコンサートでしたが、何か訴えるものがあったのでしょう、自分も参加したいと、入会希望者が次々に現われ、この年は四回のコンサートを開催することができました。指導者や出身校を問わないということに不安を抱く方もあったようですが、その不安が逆に展望となって、この会は長く続きそうだというムードに変わってきました。会員が増えるにしたがって、会則をつくり、運営体制も整備していきました。

それから四十五年。二百回を超える「緑のコンサート」を開催してきました。その間には山あり谷あり、チームワークの乱れなど、幾度かピンチに見舞われたこともありましたが、「百のレッスンより一回のステージ」をモットーに、一つ一つの障害を乗り越えてきました。

これからも前途多難、内にはコロナ禍・ハイパーインフレ、外には地球温暖化等々多くの課題が待ちかまえていますが、五十周年のゴールまでもう一息、着々と歩みを進めています。

## 音楽練習場建設運動の成果・大成功

福岡市は音楽・演劇練習場の整備の点では質量ともに「日本一」を誇ってよい都市ではないでしょうか。パピオビールーム（千代町）、ポンプラザ（祇園）、なみきスクエア（千早）、塩原音楽・演劇練習場。これには地元の音楽家あげての十年がかりの粘り強い建設運動があったことを忘れてはならないと思います。

古いことなので、いつのことか記憶が薄れていますが、福岡にジュニアオーケストラが誕生したときのことです。おかあさんたちが「練習する場所がありません。何とかできないでしょうか」と、福岡市に陳情したことがあります。報道機関も大きくとりあげていただきました。

次は一九八一年一月。「福岡の文化を考えるシンポジウム」が進藤一馬市長出席のもとに開かれ、その席上音楽関係者有志から「良い音楽練習場をつくってください」旨の発言を行いました。その帰り出席者有志が集まり、市内の音楽団体に呼びかけて音楽練習場建設運動の推進母体となる会をつくることを決めました。

六月、福岡音楽団体連絡会（平島邦央会長）が発足、福岡県・市に要望書を提出しました。

十一月、亀井光知事は、県庁の東公園への移転に伴う天神の跡地に県立劇場建設案を発表しました。設立早々の音団連ではこの案に対し「県立劇場の中に音楽練習場を併設してください」という請願書を提出することを決定し、直ちに署名運動を開始、短期間に八千名の署名を集め県議会に提出しました。

県議会では文教委員会で審議を行い、福岡おかあさんコーラス連絡会長の鳥越綾子さんが請願の趣旨説明を行いました。ジャーナリスト鳥越俊太郎さんのおかあさんですね。こうして請願は採択されました。音団連事務局長の私は県庁職員でしたが、この日は休暇をとって傍聴に来られた方のお世話に当たりました。後に上司から「お咎め」を受けるかなと思っていましたが、何事もなくホッとした記憶が残っています。

この請願の成果として、数年経って福岡シンフォニーホールが完成した際、ホールの地階に五室の練習室がつくられました。

続いて、一九八四年の市長選挙で「芸術創造センターの建設」を公約に掲げた進藤一馬市長が再選され、福岡市が練習場建設を進めることは「市長の約束」として確定しました。ただ、これからが長い待ち時間でした。みんなが集まりやすい交通至便の場所という条件があるので、適地がなかなか見つからず用地の選定には長い時間を要しました。また「音楽練習場」という全国でも先例のない特殊構造の施設なので、文化課長を交えての設計協議を何回も重ねました。

建設運動を始めて十年目、博多区千代町に西部ガスがスポーツ施設を建設する。その地下に十六室を持つ「福岡市音楽・演劇練習場」が完成しました。愛称は市民募集をして「蜂の巣」からの連想で「パピオ・ビールーム」と命名されました。

後日譚。オープンすると同時に市民から多くの利用申し込みがあり、福岡市の施設としては最も高い利用率になっているということを聞いて、十年間続けた建設運動のやり甲斐があったなぁと、喜び合ったものでした。

この音楽・演劇練習場は周辺部にも設置が進みつつあります。現在では博多区祇園に「ポンプラザ」、南区塩原に「塩原音楽・演劇練習場」、東区千早に「なみきスクエア」ができました。各区ごとに設置する施設としてさらに広がっていくことでしょう。北九州市にも十一室を持つ「大手町練習場」ができました。このような「練習場」を自治体がつくることは福岡市が初めてのことらしいですね。全国の自治体にこのニュースが広がって、連日のように見学者が訪れたということです。

# 福岡市民オーケストラ創立五十周年

田中正治

創立五十周年を現役団員の一人として祝えるのはまことに嬉しい限りで、このめぐりあわせに心から感謝いたします。

私の団長就任は、初代団長の石橋正秀さんの東京転勤で「あと、あんたやってくれんね！」の一言できまりました。それまで団の活動は、組織的に見ると何もない時代と言えます。

私は、「これではいけない！」との思いで、まず規約の制定に取りかかりました。今で

福岡市民オーケストラ　50年史記念アルバムより

もよく覚えています。副団長の真隅君のアパートに数人で押しかけ、夜通し、酒を酌み交わしながら規約の条項を議論しました。規約は、団長を引き受けて二年後の定例総会において成立しました。

次に忘れ得ない事柄は、一九八四年、初めて客演指揮者を呼んだことです。当時のコンサートマスターから「市民オケの実力と指揮者の在り様」を何度も聞かされて、とうとうその気になってしまいました。常任指揮者の山本先生とは同年のよしみもあり、客演指揮に舵を切ったことは、先生に対してまことに申し訳ない想いで、忘れ得ない出来事です。

一方、嬉しい話は福岡県親善行事・日中友好音楽の翼が山本成宏氏指揮で成功したことです。

～万里の長城に「第九」響く　壮大なハーモニー～　朝日新聞が一九八五年五月に全国版で報じた、福岡市民オーケストラを中心に福岡県民交響楽団・合唱団約百二十名が、北京・八達嶺の万里の長城で北京の合唱団・楽団と合同で成功させた「第九」の演奏会です。私が団長としてお手伝いできたことは、まことに嬉しく思います。

この翌年、市民オケ二十周年記念演奏会でお呼びした指揮者の石丸寛先生に「万里の長城で第九をやりましたよ！」と話すと、「ああ～！　あんた達ね！　あんな馬鹿げたことをやったのは！」「東京で、新聞を読みましたよ！」と笑って話されたのを思い出します。

（第二代団長・ヴィオラ）

# ひとすじの道・緑のコンサート会員寄稿

## 和白青松園訪問演奏・二十年

折笠美紀子

音楽大学を卒業後、師事していた永吉美恵子先生から福岡青年音楽家協会を紹介していただきました。その当時、ボランティア事務局長の青沼さんは緑のコンサートへの「年二回の出演」を熱心に呼びかけていらっしゃいました。私も入会希望の電話をしたその日にコンサートへの出演が決まったことを覚えています。

和白青松園で訪問演奏

初めて出演して三か月も過ぎると、またまた次のコンサートの出演勧誘の電話が入ってきます。これは真剣に勉強しなければいけないのだなと思ったものです。

そんな矢先、父の急死で落ち込んでしまいましたが、そんな時に励ましてくれたのが「緑」の仲間たちでした。このころはピアノの生徒が多く、会員数もふえて、緑のコンサートも年に十回ぐらい行われていました。それにつれてコンサートの準備のための打合せ会も盛んに開催されて、いろんな方との交流のなかで落ち込んでいた気持ちを慰めていただきました。

またそういう交流の中から、緑のコンサートとは別にボランティア活動として福祉施設への慰問コンサートの計画が話題になってきました。

このコンサートには「緑」の会員のほかに会員外の楽器奏者も加わっていろいろと楽しい企画を練り、子どもたちも目を輝かせて聴き入ってくれたことを思い出します。またこの訪問演奏を通じて得られた体験を「緑」のファミリーコンサートに活用して出演させていただいたことも楽しい思い出です。この和白青松園慰問コンサートは二十年間も続き、福岡市からの表彰状も二回いただきました。

この慰問コンサートでは裏方のお手伝いをしてわかったことですが、一つのコンサートを行うのに舞台セット、ホールとの打ち合わせ、会計等々それはそれは大変で、青沼さんはこれを永年ボランティアで行われてこられたのですから、頭が下がります。青沼さんのおかげで私たちは、何の苦労をすることなくステージに立つことができました。音楽家としてコンサートの機会をつくってくださったことに深く感謝いたします。

# 大阪新幹線・二十八年

山本安祈子

一九七七年に設立された福岡青年音楽家協会、出身地の大阪より越してきた私に演奏する場があるからと紹介されて入会したのが一九八四年、そこから現在に至っています。このような会が四十五年も存続しているのは素晴らしいことです。

入会当時はファミリーコンサートや施設訪問などで、よく知られた曲を子ども達に楽しんでもらおうと何人かでそのための練習を重ね、私達も楽しんでおりました。

もともとソロより伴奏やアンサンブルが好きなので、会のおかげで会員同士で演奏する機会にも恵まれておりました。

一九九四年、大阪に戻るときには退会かと寂しい思いでしたが……。青沼様のおかげで継続させていただきました。

その年の会場は中央市民センター、翌年から、あいれふホールに移りました。関西でもささやかながら活動はしておりましたが、響きの良いホールでソロを弾く機会はほとんどなく貴重でした。懐かしい福岡に行き友人知人に会いたいけれど、それにはソロをしなければ……との思いで続けていました。

緊張でたまらない中、青沼様の笑顔を拝見してはホッとする思いでした。関西で、レクチャーを聴講したり、レッスンを受けたり勉強の機会が増えてきました。そこでそれぞれの作曲家の書法や様式感、音色、タッチ、そしてもっと奥深い作曲家の思いを探り、私自身の心の表現をピアノでやってみたい…と、私の技術で弾けそうな曲を探すようになりました。このたびの原稿依頼の機会で振り返ってみれば、一九九四年から二〇二二年迄二十八回続けたことになりますが、右から左で…今はほとんど弾けません（笑）。形の残る物でないだけに実感がありません。

緑のコンサート

長年在籍しているのに運営に携わることも、当日のお世話も、もちろんチケットもあまり出せず申し訳ない気持ちでおります。

先日十月七日の緑のコンサート本番の折、例年どおり緊張の中ステージに出ると、思いもかけずお客様がたくさんいらして驚きました。古希を過ぎた今までピアノを続けてこられたことの幸せを感じ、何より四十五年前に種を蒔いて下さった青沼様には心よりの感謝であります。

# コーラスと私・三十一年

牟田直美

いきさつ・一九六〇年五月、教育大音楽科の先輩が主催の「万里の長城で第九を歌おう」に参加したのが縁で、しばしば朝カル（朝日カルチャーセンター）のコーラス代理指導をたのまれていました。

一九九〇年、先輩の指揮で福銀ホールでモーツァルト「レクイエム」のソプラノソロに出演した後、一九九一年から朝カルのコーラスを引き継ぎました。

その後の経過・そのころは、メンバーはみんな若く、文字通り「おかあさんコーラス」

百まで歌おう

でしたが、長年歌い続けて、今は「シルバーコーラス」になりました。

「元気に楽しく歌おう」をモットーにヨガの準備運動からつくった発声体操をやり、響きのとり方に注意したボイトレをしっかりやっています。

二〇〇七年には「七限カルチャー」「ハーモニック・コスモスKASUYA」と女声コーラスの指導は3団体になりました。

千葉県在住の作曲家の方にオリジナル女声合唱組曲を3曲作曲していただいて、日本の歌から宗教曲までいろいろ歌っています。

ボランティア・合唱指導の当初からボランティアコンサートを行っています。朝カルは市民病院で（途中から七隈カルチャーも参加）、コロナ禍前まで二十年間続いています。ドクターに多才な方がおられて、いつも歌とトランペットで参加していただき、盛り上げてくれました。

粕屋のコーラスも特老「緑の里」でボランティアコンサートが九年続いています。それぞれのコンサートで「歌の力」をみんなでしみじみかみしめています。

これから・「百まで歌おう」を合言葉に、シルバーパワー全開で歌い続けたいと思っています。

# 『ふるさとの音楽史散歩』復刊版作成にあたって「あとがき」にかえて

この本の初版発行は一九七五年（昭和五十年）、今から四十八年前にさかのぼります。当時福岡でクラシック音楽の普及啓発の一翼を担って定例的にコンサートを開催してきた音楽鑑賞組織「福岡労音」が創立二十周年を迎えるにあたり記念誌の発行を企画しました。その際、あわせて地元の音楽の歴史についても学びたいという声が上がり、かねてから「福岡・九州の視点に立った音楽史」をテーマに資料を収集、研究を重ねておられた西日本新聞社（元）文化部長・木村茂さんにその成果の一端を記念誌にご発表いただけませんかとお願いしたところ、快諾をされ、後日「ふるさとの音楽史散歩」という表題の原稿をお届けいただきました。

かくて、記念誌『音楽の緑を』は「第一部　福岡労音の二十年。第二部　ふるさとの音楽史散歩」として発行され、市民の皆さまに贈呈させていただきました。

それから約五十年が経過しようとしています。福岡労音は解散し、初版本のほとんどは姿を消しています。このまま永久廃刊になってしまうのか、それともリニューアルしてもう一度市民の皆様にお目見えするのか、ＯＢの集まり「福岡労音七夕会」ではその選択を迫られることになりました。

私たちは音楽の専門家ではないので、正確な知識はありませんが、九州・福岡の音楽史としてはどのような記録が残されているか、先人の足跡をたどってみました。『九大フィルハーモニー・オーケストラ五十年史』『西南学院グリークラブ四十周年史』『森部静武聞書・音楽とともに』。この三冊が見当たります。これは明治以降の記述が主流になっているように思われます。

これに比べ『ふるさとの音楽史散歩』では「一五四九年（天文十八年）八月十五日、鹿児島の前之浜（現在鹿児島市内）に現われた外国船に土地の人は恐怖・不安をまじえて大騒ぎだった」という書き出しの文章にあるように十六世紀の記述から始まっている。賛美歌もこの時に日本に入ってきたのでしょうか。その時代の幾つかのエピソードも紹介されている。この記録は消してしまってはいけないのではないか。復刊して後世の人々に引き継いでいくべき価値を持ったものではないのかと、衆議一決。ここに復刊作業がスタートしました。

青沼謙一

「九州という明確な視点を持った総合的な音楽史、この作業が私のライフワークになりそうです」という言葉を遺して木村茂さんは早逝されました。さぞかし無念の思いだったことでしょう。その御遺志の一端をこの小冊子に書き残すことによって、福岡の町の音楽活動に多少の貢献ができれば、復刊作業に当たる私たちも嬉しく思っております。

編集委員会　青沼謙一

木村茂（きむら　しげる）

大正13（1924）年福岡市中央区赤坂に生まれる
修猷館高校・東京外語大学仏語科卒業
兵役についた後、西日本新聞社入社
文化部・文化部長を歴任後福岡文化連盟事務局長
昭和55年7月死去

青沼謙一（あおぬま　けんいち）

昭和5（1930）年東京の下町に生まれる
衆議院速記者養成所卒業
福岡県庁に就職、県議会会議録作成に従事
ボランティアとして、緑のコンサート等の運営にあたる
現在福岡青年音楽家協会顧問
平成26年度福岡市民文化活動功労賞を受賞

ふるさとの音楽史散歩

二〇二三年四月三〇日初版第一刷発行

著　者　木　村　茂
編　者　青　沼　謙　一
発行者　福　元　満　治
発行所　石　風　社
福岡市中央区渡辺通二―三―二十四
電　話　〇九二（七一四）四八三八
ＦＡＸ　〇九二（七二五）三四四〇
https://sekifusha.com/

印刷製本　シナノパブリッシングプレス

ISBN978-4-88344-316-1　C0095

＊表示価格は本体価格。定価は本体価格プラス税です。

中村 哲
## ペシャワールにて［増補版］ 癩《らい》そしてアフガン難民
数百万人のアフガン難民が流入するパキスタン・ペシャワールの地で、ハンセン病患者と難民の診療に従事する日本人医師が、高度消費社会に生きる私たち日本人に向けて放った痛烈なメッセージ
【8刷】1800円

中村 哲
## ダラエ・ヌールへの道 アフガン難民とともに
一人の日本人医師が、現地との軋轢《あつれき》、日本人ボランティアの挫折、自らの内面の検証等、血の吹き出す苦闘を通して、ニッポンとは何か、「国際化」とは何かを根底的に問い直す渾身のメッセージ
【6刷】2000円

中村 哲
## 医は国境を越えて
**＊アジア太平洋賞特別賞**
貧困・戦争・民族の対立・近代化——世界のあらゆる矛盾が噴き出す文明の十字路で、ハンセン病の治療と、峻険な山岳地帯の無医村診療を、十五年にわたって続ける一人の日本人医師の苦闘の記録
【9刷】2000円

中村 哲
## 医者 井戸を掘る アフガン旱魃《かんばつ》との闘い
**＊日本ジャーナリスト会議賞受賞**
「とにかく生きておれ！ 病気は後で治す」。百年に一度といわれる最悪の大旱魃に襲われたアフガニスタンで、現地住民、そして日本の青年たちとともに千の井戸をもって挑んだ医師の緊急レポート
【14刷】1800円

中村 哲
## 辺境で診《み》る 辺境から見る
「ペシャワール、この地名が世界認識を根底から変えるほどの意味を帯びて私たちに迫ってきたのは、中村哲の本によってである」（芹沢俊介氏）。戦乱のアフガニスタンで、世の虚構に抗して黙々と活動を続ける医師の思考と実践の軌跡
【6刷】1800円

中村 哲
## 医者、用水路を拓く アフガンの大地から世界の虚構に挑む
**＊農村農業工学会著作賞受賞**
養老孟司氏ほか絶讃。「百の診療所より一本の用水路を」。百年に一度といわれる大旱魃と戦乱に見舞われたアフガニスタン農村の復興のため、全長二五・五キロに及ぶ灌漑用水路を建設する一日本人医師の苦闘と実践の記録
【9刷】1800円

＊読者の皆様へ　小社出版物が店頭にない場合は「地方・小出版流通センター扱」とご指定の上最寄りの書店にご注文下さい。なお、お急ぎの場合は直接小社宛ご注文下されば、代金後払いにてご送本致します（送料は不要です）。